Les Demoiselles chéries

Les Protégés du Roi-Soleil

Illustration de couverture : Ariane Delrieu

FLEURUS

Direction : Guillaume Arnaud
Direction éditoriale : Sarah Malherbe
Direction artistique : Élisabeth Hebert, Ariane Bienaymé
Édition : Anna Guével, assistée d'Astrid d'Aviau de Ternay
Fabrication : Thierry Dubus, Anne Floutier
Mise en page : Text'oh

Site : www.fleuruseditions.com
ISBN : 978-2-2151-2551-8
MDS : 652 114

Les Demoiselles chéries

Les Protégés du Roi Soleil

Sophie de Mullenheim

Fleurus

Pour Mathilde

1

La lettre du roi

Pierre-Louis de La Jorsonnière lut la lettre que sa fille venait de lui apporter et manqua la froisser et la jeter au loin.

« C'est insensé ! » tonna-t-il en la parcourant de nouveau pour être sûr de ne s'être pas trompé.

Mais cette nouvelle lecture ne l'apaisa pas, au contraire.

« Comment le roi peut-il me demander cela ? »

Mathilde, qui observait son père, tressaillit. Elle ne l'avait jamais vu contester les ordres du roi Louis XIV. Il vouait une admiration sans bornes à son souverain et lui était d'une extrême fidélité.

Pierre-Louis de La Jorsonnière se mit à faire les cent pas.

« J'ai promis à mes hommes une vraie campagne en mer. Que vont-ils dire ? Le roi ne peut exiger cela de moi. Déjà, Venise...[1] »

Il parlait tout haut comme s'il avait été seul dans sa cabine. La question de Mathilde l'arrêta net.

---

1. Lire *La Prisonnière de Venise.*

« Que se passe-t-il, père ? »

Sa voix était inquiète. Il était si rare de voir son père dans cet état. Pierre-Louis de La Jorsonnière, corsaire du roi Louis XIV, était en effet réputé pour son grand calme et sa parfaite maîtrise de soi, même dans les situations les plus périlleuses. C'était d'ailleurs ce qui faisait sa force. Au combat, il ne s'affolait jamais et parvenait à garder la tête suffisamment froide pour prendre les justes décisions.

Il regarda sa fille avec tendresse.

« Rassurez-vous, Mathilde, lui dit-il en retrouvant une voix plus douce.

– Il n'y a rien de grave ?

– Non. Le roi me demande simplement un service qui m'embarrasse fort. »

Il s'arrêta quelques secondes, sa voix était encore vibrante de colère.

« Hélas, les ordres de Sa Majesté sont tout-puissants, poursuivit-il. Je ne peux refuser. »

Il marqua une pause et reprit avec une pointe d'ironie :

« Je devrais même être flatté qu'il m'ait choisi.

– De quoi s'agit-il ? l'interrogea Mathilde.

– Il veut que nous amenions madame de Collange avec nous jusqu'à la Martinique. »

De surprise, Mathilde écarquilla ses beaux yeux marron.

« Madame de Collange ? répéta-t-elle.

– Oui, acquiesça son père. La propre parente du roi. Elle veut retourner dans son domaine de la Martinique. Son mari est mort il y a peu de temps. Je crois vous en avoir déjà parlé. »

Mathilde hocha la tête. Elle avait vu madame de Collange lors de son premier bal à Versailles. La jeune femme, habillée tout en noir, l'avait fortement impressionnée alors. Elle paraissait si austère et si lointaine au milieu de l'agitation et du luxe de la cour que Mathilde l'avait tout de suite remarquée. Quand elle avait interrogé son père à son sujet, il lui avait raconté que son époux venait d'être tué lors d'une mission dont le roi l'avait chargé. Personne ne savait ce qu'il s'était passé, mais le roi avait immédiatement pris la jeune femme sous sa protection.

« Mais notre voyage risque d'être dangereux », releva Mathilde que la requête de Louis XIV intriguait.

Son père eut un sourire amer.

« Le roi semble avoir oublié que le *Roy-Louis* est un navire corsaire, plus habitué à courser les navires ennemis qu'à transporter des passagers, dit-il.

– N'y a-t-il pas d'autres bateaux que le vôtre en partance pour la mer des Caraïbes ?

– Sans doute, oui.

– Pourquoi le *Roy-Louis* alors ? » s'étonna Mathilde.

Pierre-Louis de La Jorsonnière agita la lettre avec le cachet royal sous les yeux de sa fille et lui en lut un passage.

« Monsieur, vous êtes mon meilleur capitaine corsaire et je sais qu'en vous confiant madame de Collange, il ne pourra rien lui arriver de mal. Elle est ma protégée depuis la mort tragique de son mari, ne l'oubliez pas. Je ne tolérerai pas qu'il lui arrive malheur... »

Le ton de la lettre était flatteur et menaçant à la fois. Mathilde frissonna. Elle savait que ceux que le roi appréciait un jour pouvaient tomber en disgrâce le lendemain pour peu qu'ils lui aient désobéi. Vingt ans après, tout le monde à la cour avait encore en tête la condamnation du surintendant des finances du roi, Nicolas Fouquet. Parce qu'il était devenu trop puissant, il avait déplu à Louis XIV qui l'avait fait emprisonner séance tenante.

Le capitaine de La Jorsonnière releva la tête et regarda sa fille.

« N'est-ce pas là une belle preuve de confiance et un compliment sous la plume du roi ? » lança-t-il sans joie.

Mathilde grimaça. Elle n'osait pas dire ce qu'elle pensait vraiment, persuadée que de toute façon son père partageait son avis. Il poursuivit, en effet, comme s'il avait lu dans ses pensées.

« Cet honneur que le roi me fait est un cadeau empoisonné, avoua-t-il. Nous ne pourrons pas aborder de navires ennemis cette fois-ci. Nous devrons nous contenter de naviguer sagement jusqu'à la Martinique. »

Mathilde soupira. Elle comprenait la déception de son père. Il rêvait de remplir les cales de son bateau de richesses volées à l'ennemi pour les offrir au Roi-Soleil. Ses matelots également d'ailleurs. Leur dernière mission jusqu'à Venise avait été paisible elle aussi, trop paisible pour ces hommes d'action. Chacun voulait en découdre avec l'adversaire cette fois-ci ; ils risquaient de prendre la nouvelle avec colère.

Pierre-Louis de La Jorsonnière soupira à son tour.

« Un ordre de Sa Majesté ne se discute pas », souffla-t-il, résigné.

Il regarda la mine déconfite de sa fille et sourit. Elle était ravissante lorsqu'elle faisait la grimace. Son nez couvert de taches de rousseur se retroussait joliment et lui rappelait sa défunte femme.

« Au moins, vous pourrez continuer de vous familiariser avec les usages de la cour, dit-il d'un air faussement enjoué. Je suis certain que madame de Collange se fera un plaisir de parfaire votre éducation en matière de bonnes manières et de mode. Nous manquons cruellement de femmes à bord », ajouta-t-il avec malice.

Mathilde le foudroya du regard. Depuis quelque temps, son père ne cessait de lui parler de bonne éducation et de jolies toilettes, prétextant que la vie de corsaire n'était pas faite pour une jeune fille de son rang et de son âge. Certes, Mathilde appréciait les belles robes et les parures, d'autant plus qu'elle avait peu souvent l'occasion d'en porter, mais elle leur préférait de loin sa liberté à bord du *Roy-Louis*. Elle ne se sentait jamais si bien que quand elle enfilait ses hauts-de-chausses, ses bottes et sa longue veste grise. Alors, elle était libre de ses mouvements et pouvait aller et venir à bord, grimper dans les cordages et participer aux manœuvres avec l'équipage. Depuis qu'elle avait 3 ans, juste après la mort de sa maman, Mathilde passait presque tout son temps sur le magnifique bateau. C'était son domaine, sa maison.

« Ne comptez pas sur moi pour servir de dame de compagnie à cette madame de Collange », lança-t-elle avec du défi dans la voix.

2

Mauvaise surprise

Le capitaine de La Jorsonnière affronta la colère de son équipage avec courage. Ses hommes étaient furieux : ce changement de programme les obligeait à renoncer à une nouvelle campagne en mer et à tous les avantages qui en découlaient. Les corsaires avaient pour coutume en effet de se partager le butin après chaque abordage réussi. La plus grande part revenait au roi Louis XIV bien entendu, mais le reste était distribué entre les hommes et leur capitaine. Cette récompense leur permettait d'accepter les dangers de la mer et les longues périodes de séparation d'avec leur famille. Beaucoup de marins mettaient de côté ce trésor patiemment gagné pour s'arrêter un jour, s'acheter quelques terres et vivre sous le soleil des îles. Afin de calmer les esprits échauffés et les quelques hommes qui menaçaient d'aller s'enrôler à bord d'un autre navire, Pierre-Louis de La Jorsonnière dut leur promettre une part plus importante du butin dès qu'ils pourraient reprendre leur activité de corsaires. Peu à peu, la tension à bord se calma, la nouvelle fut digérée et les hommes se résignèrent, le capitaine en tête, à faire un long voyage sans surprise jusqu'à l'île de la Martinique.

Ils se trompaient tous.

Les surprises commencèrent dès le lendemain de la réception du courrier du roi, avec l'arrivée à bord de madame de Collange…

Ce ne fut pas un, mais quatre passagers que Pierre-Louis de La Jorsonnière et tous ses hommes virent débarquer à bord de leur navire dans la journée qui suivit. Madame de Collange n'était pas seule, en effet ! Ce que la lettre de Louis XIV oubliait de préciser, c'était que sa lointaine cousine voyageait accompagnée de ses deux fils et de leur gouvernante. Le célèbre bateau corsaire n'était donc plus simplement un transport de voyageurs, mais également une nursery ! Car aussitôt sur le pont, les deux petits garçons donnèrent le ton, courant partout et criant à tout-va.

« Léonce ! Séverin ! les rappela à l'ordre madame de Collange d'un ton sec. Venez saluer le capitaine. »

Les deux enfants s'avancèrent, nullement impressionnés par l'allure du capitaine et son uniforme de corsaire du roi. Ils se mirent au garde-à-vous, un brin moqueurs.

« Séverin de Collange », se présenta le premier en claquant les talons un peu trop bruyamment.

Le second salua à son tour.

« Léonce de Collange », dit-il.

Une toux discrète dans leur dos les fit se retourner légèrement. La jeune fille blonde qui se tenait derrière eux ouvrait de gros yeux sévères.

« Pardon, capitaine, dit le premier un peu penaud. Je suis Léonce de Collange et voici Séverin », ajouta-t-il en désignant son frère.

La jeune fille hocha la tête, satisfaite.

« Séverin ! Léonce ! Cessez ce jeu idiot ! » dit leur mère.

Les deux enfants baissèrent la tête, sans rien dire. Leurs petites épaules s'affaissèrent.

« Pardonnez-leur, reprit vivement madame de Collange à l'adresse du capitaine. Se faire passer l'un pour l'autre est leur jeu favori depuis qu'ils sont tout petits. »

La ressemblance entre les jumeaux était frappante, en effet : mêmes cheveux noirs, raides et très drus, mêmes yeux ronds d'un bleu très clair, même nez un peu épaté, même taille, même silhouette.

« Ils doivent avoir 7 ans », pensa Mathilde qui les observait depuis leur arrivée et tentait sans succès de découvrir une différence entre eux qui lui permettrait de les distinguer.

Une fois les présentations faites et après un signe de leur mère, les deux enfants repartirent en courant pour explorer le navire. La jeune fille blonde les suivit aussitôt pour les surveiller. Leur joie de vivre bruyante tranchait avec la froideur de leur mère. Madame de Collange n'avait pas souri une seule fois depuis son arrivée. Même lorsque le capitaine lui baisa la main pour l'accueillir, son visage resta impénétrable et dur. Elle était très jolie malgré tout. Sa chevelure aussi noire et épaisse que celle de ses garçons tranchait avec sa peau d'une blancheur exquise. Ses yeux noirs étaient ourlés de longs cils, sa bouche était bien dessinée, son nez droit, ses oreilles menues. Elle était plutôt grande et mince. Non, assurément, sans son air sévère, elle aurait été tout à fait charmante.

« Suzanne s'occupera des garçons pendant la traversée, dit-elle avec autorité. Je souhaite que sa chambre et celle de mes fils soient contiguës. Je veux qu'elle puisse être à côté d'eux très vite s'ils la réclament. »

Mathilde sourit malgré elle en entendant madame de Collange parler de chambre comme si elle s'installait dans ses nouveaux appartements. Certes le *Roy-Louis* était un navire confortable et spacieux, mais il n'en restait pas moins un bateau. En fait de chambres, on y dormait dans des cabines qui étaient agréables, mais en nombre limité. On était loin du luxe du château de Versailles ou d'une quelconque demeure de grand seigneur du royaume.

« Nous installerons votre gouvernante dans la même cabine que vos enfants, ce sera plus pratique », répondit le capitaine qui avait dû immédiatement repenser à la distribution des cabines en voyant débarquer de nouveaux passagers.

Madame de Collange le dévisagea un court instant puis lâcha, hautaine.

« C'est impossible ! Mes fils ne peuvent partager leur chambre avec Suzanne. Ils ne l'ont jamais fait d'ailleurs, pas plus qu'avec la mère de Suzanne qui fut leur nourrice. Depuis leur naissance, Séverin et Léonce sont seuls dans leur chambre. Mon mari l'exigeait. »

Sa voix se fêla légèrement.

« Il voulait qu'ils s'endurcissent, ajouta-t-elle en maîtrisant son émotion. Je souhaite que les choses ne changent pas.

– C'est que, madame, s'excusa le capitaine, nous ignorions que vous étiez accompagnée. Le *Roy-Louis* ne compte... »

Madame de Collange le coupa.

« Mon cousin le roi m'a dit que vous étiez un homme de confiance. Que je pouvais m'en remettre à vous sans inquiétude, ajouta-t-elle avec une voix où l'on entendait poindre la lassitude. Arrangez-vous ! »

3

Suzanne

Lorsqu'elle entra dans la cabine de Mathilde, Suzanne baissa la tête. Elle était affreusement gênée.

« Pardonnez-moi, mademoiselle, s'excusa-t-elle. Je n'ai pas voulu cela. Je vous promets de me faire la plus discrète possible et de ne pas vous importuner. Je comprends que cette situation vous déplaise. »

Mathilde pestait, en effet : elle allait devoir partager sa cabine avec une inconnue durant tout le voyage. Décidément, le service que le roi Louis XIV avait demandé à son capitaine corsaire embarrassait tout le monde. Et encore, Mathilde pouvait s'estimer heureuse : elle conservait sa cabine. Elle devait sans doute ce privilège au fait qu'elle était une fille. Paul de Quintaine, le second du *Roy-Louis*, avait moins de chance qu'elle puisqu'il devait céder sa cabine aux deux turbulents petits garçons de madame de Collange. Durant trois mois, il irait dormir avec les hommes d'équipage à l'entrepont. Paul était un très brave jeune homme. Il avait pris avec le sourire la décision de son capitaine de le déloger provisoirement, il n'empêche qu'il quittait le confort de sa cabine pour un hamac suspendu entre deux poutres. Seule l'installation de madame de Collange n'avait rien bouleversé : la parente du roi occuperait la cabine réservée aux « invités » de marque, celle dans laquelle les illustres prisonniers du *Roy-Louis* étaient habituellement retenus dans l'attente du paiement d'une rançon conséquente. C'était une vaste pièce, joliment meublée et fort confortable car la marine française n'avait pas pour habitude de mal traiter ses prisonniers d'importance.

Mathilde observa Suzanne à la dérobée tandis qu'elle installait ses affaires en essayant de prendre le moins de place possible. L'opération n'était d'ailleurs pas très compliquée puisque la gouvernante voyageait léger, à l'inverse de sa maîtresse pour laquelle on avait fait monter à bord un nombre incalculable de malles.

Suzanne devait avoir seulement quelques années de plus que Mathilde. En tout cas, elle avait la même taille qu'elle bien qu'elle fût un peu plus ronde, mais sans excès. Son visage était très avenant et ses yeux bleus en amande semblaient sourire tout le temps. Elle avait le teint rose et frais, des traits réguliers et aimables. Mathilde dut reconnaître qu'elle ne semblait rien avoir en commun avec sa sévère maîtresse, et cela la rassura.

Soudain, quelqu'un frappa à la porte de la cabine.

« Entrez ! » répondit Mathilde.

Deux matelots arrivèrent, portant une grosse malle à bout de bras.

« Oui ? leur demanda Mathilde.

– C'est pour mademoiselle Suzanne », souffla l'un des marins en posant le lourd bagage à terre.

Suzanne s'avança et lui sourit.

« Il y a erreur, lui dit-elle gentiment. Ce bagage n'est pas à moi, mais aux enfants. Je n'ai rien d'aussi imposant.

– Madame de Collange nous a dit de porter cela dans votre cabine, s'excusa-t-il. Elle ne souhaite pas que cela encombre celle de ses enfants. »

Suzanne rougit violemment et baissa la tête sans oser regarder Mathilde.

« Bien, bredouilla-t-elle. Laissez cela ici. »

Elle leur indiqua l'angle de la cabine où elle avait l'intention de disposer le matelas qui lui servirait de lit. Les deux matelots attrapèrent les poignées de la malle et la portèrent jusqu'à l'endroit indiqué.

« Merci, murmura Suzanne sans relever la tête tandis qu'ils repartaient. Je... Je suis désolée, bafouilla-t-elle alors à l'intention de Mathilde. Je vais en parler à madame de Collange. »

La pauvre avait les larmes aux yeux. Mathilde eut pitié d'elle. Elle en voulut à madame de Collange d'agir de la sorte sans se soucier des autres.

« Ne vous inquiétez pas, la rassura-t-elle. Cette malle ne nous gênera pas. La cabine est assez grande pour nous deux et pour une malle », ajouta-t-elle avec humour.

Suzanne releva la tête, les yeux brillants.

« Je m'appelle Mathilde, enchaîna la fille du corsaire pour passer à autre chose. Si nous devons partager la même cabine durant plusieurs semaines, autant nous entendre bien tout de suite », ajouta-t-elle avec un sourire.

Le visage de Suzanne s'illumina.

« Je m'appelle Suzanne », dit-elle à son tour.

Puis, agitant la main comme pour effacer ce qu'elle venait de dire, elle reprit avec un petit rire.

« Je suis bête, vous le savez déjà ! »

Elle regarda de nouveau la malle.

« Vous êtes sûre qu'elle ne vous gênera pas ? » demanda-t-elle.

Mathilde secoua la tête.

« Merci, made... Mathilde, hésita-t-elle. Madame de Collange est si... »

Elle s'arrêta pour chercher ses mots.

« Madame est si différente depuis la mort de son mari. »

Mathilde sourit.

« Vous voulez dire qu'elle fut aimable jadis ? » demanda-t-elle avec ironie.

Suzanne s'anima.

« Oh oui, mademoiselle ! Elle était si heureuse... »

Elle s'arrêta, un sanglot dans la voix.

« La mort de Monsieur l'a brisée. Elle s'est refermée sur elle-même. Elle est devenue froide et distante avec tout le monde, même avec ses fils. On dirait qu'elle a peur de s'attacher de nouveau à quelqu'un. Comme si elle ne voulait plus souff... »

Un hurlement en provenance du pont couvrit la fin de sa phrase.

« Léonce ! » cria-t-elle en bondissant hors de la cabine.

4

Première alerte

Suzanne et Mathilde trouvèrent le petit garçon en larmes dans les bras d'un matelot. Aux pieds de l'homme d'équipage, Séverin hurlait encore, les yeux agrandis de terreur. Suzanne se précipita vers les deux enfants. Elle serra Séverin pour le calmer puis se redressa pour reprendre Léonce dans les bras du marin.

« Ce p'tit a eu de la chance ! lui dit ce dernier.

– Que s'est-il passé, Gaston ? » lui demanda Mathilde qui s'approchait à son tour.

L'homme haussa les épaules.

« J'ai pas bien compris, admit-il. J'ai entendu hurler et j'ai vu le p'tit qui pendait par-dessus bord. »

À ces mots, Suzanne devint d'une pâleur effrayante. Elle dut s'accrocher au bras du marin pour ne pas s'évanouir.

« Par-dessus bord ? répéta Mathilde le plus calmement possible.

– Y s'était pris les pieds dans les cordages. Sans c'la, il tombait à l'eau, c'est certain. »

Mathilde frissonna. Depuis le temps qu'elle naviguait à bord du *Roy-Louis*, elle savait qu'une personne tombant à l'eau avait peu de chances de s'en sortir. Même dans un port car la plupart des marins ne savaient pas nager. Si le petit Léonce de Collange était passé par-dessus bord, aucun homme d'équipage n'aurait pu le sauver. Et l'enfant était trop jeune pour s'en sortir tout seul. Le choc en arrivant sur l'eau l'aurait sans doute assommé, le pont du navire se dressant à plusieurs mètres au-dessus du niveau de la mer.

Les deux petits garçons se calmaient peu à peu lorsque le capitaine de La Jorsonnière surgit à son tour sur le pont. Madame de Collange le suivait de près. Quand elle vit ses deux enfants en larmes, elle pâlit subitement, s'arrêta, hésita, puis se ressaisit.

« Que se passe-t-il ? » demanda-t-elle à Suzanne d'un ton où ne perçait plus aucune émotion.

Suzanne pressa la tête de Léonce contre son épaule et se serra contre Séverin de sorte que son visage était dissimulé par le tissu de son ample jupe.

« Léonce est tombé, madame. Rien de grave », mentit-elle.

Mathilde la regarda, incrédule, mais Suzanne lui lança un regard suppliant.

« Mère, commença Séverin. Léonce...

– Séverin, le coupa Suzanne d'un air sévère. N'ennuyez pas votre mère. »

Le petit garçon se mordit la lèvre et ravala les mots qu'il s'apprêtait à dire.

Lorsque madame de Collange eut disparu et regagné sa cabine, le capitaine de La Jorsonnière interrogea son matelot.

« Gaston ?

– Le p'tit a failli passer par-dessus bord, avoua ce dernier. J'l'ai rattrapé à temps. »

Le père de Mathilde se tourna vers Suzanne et la regarda avec sévérité.

« Mademoiselle, je ne...

– S'il vous plaît, monsieur, ne dites rien à ma maîtresse, le supplia la jeune fille. Tout est bien maintenant. Inutile de l'inquiéter pour rien. Elle est déjà si abattue.

– Vous comprendrez, mademoiselle, que je ne peux admettre de courir aucun risque, déclara le capitaine en la regardant droit dans les yeux. S'il arrivait malheur à l'un de ces enfants, le roi ne me le pardonnerait jamais. »

Suzanne baissa la tête, honteuse.

« Je les surveillerai sans relâche », promit-elle.

Pierre-Louis de La Jorsonnière se tourna légèrement vers son homme d'équipage.

« Gaston, trouvez-moi un cordage pour sangler ces deux enfants et les attacher au bateau avec une ligne de vie par mesure de sécurité. Un tel incident ne doit pas se reproduire. Je n'ose imaginer la réaction du roi s'il leur arrivait quoi que ce soit... »

5

Gouvernante !

« Mathilde ! »

La voix forte de Pierre-Louis de La Jorsonnière arrêta la jeune fille alors qu'elle quittait la cabine où s'était tenu le souper.

Le capitaine, son second Paul de Quintaine, les officiers du *Roy-Louis* et Mathilde avaient dîné en compagnie de madame de Collange dans la grande cabine qui servait de salle à manger à bord du navire. Pour faire honneur à sa passagère, le capitaine avait fait sortir la porcelaine fine de Limoges, les verres en cristal et les couverts en argent qu'il réservait aux hôtes de marque. Les bougies des candélabres en argent jetaient une lumière douce sur la table et faisaient scintiller les matériaux nobles. Il avait également revêtu son grand uniforme de corsaire du roi qui soulignait sa haute stature, sa taille fine et musclée et son maintien très digne. Pierre-Louis de La Jorsonnière était un bel homme, assurément, mais madame de Collange restait insensible à son charme. Elle n'avait presque pas parlé de tout le repas, se contentant de répondre par monosyllabes aux questions du capitaine ou de hocher la tête sans rien dire. Quant à la nourriture, elle y avait à peine touché. Le cuisinier, pourtant, s'était surpassé.

« J'ai à vous parler, dit Pierre-Louis de La Jorsonnière à sa fille. Restez quelques minutes encore. »

Le capitaine attendit que tous les autres convives aient quitté la pièce et se tourna vers sa fille. Il sourit. Elle était ravissante dans sa robe de taffetas mauve, avec ses cheveux relevés en un chignon tressé. Il regrettait vraiment qu'elle n'eût pas plus souvent l'occasion de s'habiller comme toutes les jeunes filles de son âge. Quand il la voyait ainsi parée, il réalisait que Mathilde n'était plus une petite fille. À 15 ans, sa féminité s'affirmait de plus en plus sous ses traits encore enfantins.

« Vous vouliez me parler ? » dit soudain Mathilde.

La jeune fille n'aimait pas lorsque son père la regardait avec cet air rêveur. Elle savait qu'il se posait de plus en plus souvent la question de la faire entrer dans un pensionnat de renom pour espérer en faire une dame de la cour. Mais Mathilde ne voulait pas de cela. Elle souhaitait rester libre et continuer de naviguer : c'était toute sa vie.

« Oui, Mathilde, commença le capitaine avec un ton un peu solennel. Je vous demande de veiller sur ces deux garçons. »

Mathilde écarquilla les yeux de surprise.

« Mais je...

– Vous connaissez le bateau mieux que personne, la coupa son père. Vous-même vous avez été enfant à bord. Vous connaissez les endroits où ils pourraient avoir envie d'aller explorer, de se cacher peut-être, de faire des bêtises... »

Mathilde ne réagissait pas mais, à mesure que son père parlait, elle revoyait la cale encombrée de tonneaux entassés en un fragile équilibre, la cambuse — c'est ainsi que s'appelait le garde-manger sur un bateau — où elle aimait fureter, les barils de poudre qui la fascinaient, les échelles de corde qui l'attiraient vers le ciel. Ses souvenirs à bord étaient si nombreux !

« Ils ont leur propre gouvernante, protesta-t-elle après un moment.

– Certes, certes, opina son père de la tête. Mais que peut-elle faire, seule, avec ces garnements ? Quelques heures à bord du *Roy-Louis* leur ont suffi pour se mettre déjà en danger. Et nous n'avons toujours pas levé l'ancre. Vous ne serez pas trop de deux. Et puis vous avez l'habitude de vous mouvoir sur un navire. Elle, non.

– Elle pourrait au moins... »

Pierre-Louis de La Jorsonnière se fâcha. Il aimait être obéi, et vite !

« C'est un ordre ! » trancha-t-il.

Mathilde baissa la tête. Eh bien, soit, elle aiderait Suzanne, mais elle espérait bien lui apprendre très vite tous les secrets du bateau pour retrouver une certaine liberté de mouvement. Il n'était pas question que deux petits garçons de 7 ans lui gâchent toute sa traversée.

6

Au revoir, la France !

Le *Roy-Louis* appareilla avant que le jour se lève tout à fait. Mathilde, alertée par le bruit familier des manœuvres, sauta au bas de son lit et s'habilla en silence pour ne pas réveiller Suzanne qui dormait profondément. Par la petite fenêtre de la cabine, on apercevait le ciel qui commençait tout juste à blanchir à l'horizon. Quand elle fut prête, la jeune fille monta sur le pont pour assister au départ. Elle aimait ce moment si particulier où les dernières amarres tombaient à l'eau, rompant ainsi les ultimes liens avec la terre ferme.

Mathilde rejoignit son père à l'arrière du bateau où il tenait la barre pour écarter le *Roy-Louis* des quais. Tout autour d'eux, l'équipage s'activait en silence en un ballet parfaitement rodé. Chacun connaissait son rôle et avait déjà fait des dizaines et des dizaines de fois les gestes qu'il répétait de nouveau. Personne ne parlait, pourtant l'air était vibrant d'excitation. Les hommes reprenaient la mer ; ils attendaient ce moment depuis longtemps, le *Roy-Louis* ayant fait escale en France plus d'un mois.

Dans les mâts et le long des vergues de bois, les gabiers attendaient un ordre de leur capitaine pour libérer toute la voilure. Pour le moment, les manœuvres de sortie de port ne se faisaient qu'avec une voile réduite pour éviter de prendre trop de vitesse.

Pierre-Louis de La Jorsonnière maniait la roue de sa barre sans hésiter. Son geste était vif et sûr, les hommes savaient qu'ils pouvaient compter sur son jugement. Le corsaire du roi connaissait son navire comme personne. Il anticipait ses réactions, palliait ses petits défauts et exploitait chacune de ses qualités. Lorsqu'ils passèrent entre les deux portes du port de La Rochelle, le capitaine se tourna vers sa fille.

« Nous rentrons chez nous », lui dit-il simplement.

Mathilde leva les yeux sur lui et sourit.

« Oui », souffla-t-elle.

Lorsque Pierre-Louis de La Jorsonnière était entré dans la marine royale, il y avait de cela plus de vingt ans, il s'était très vite fait remarquer par Colbert, le secrétaire d'État à la Marine qui eut tôt fait de le recommander au roi pour devenir l'un de ses corsaires. On lui confia alors le commandement du *Roy-Louis* et Pierre-Louis de La Jorsonnière multiplia les campagnes victorieuses, dont il revenait les cales chargées de trésors. Les premières années de sa carrière, le capitaine vécut en France quand il n'était pas sur l'eau. Mais après sa rencontre avec Marie de Maltan et son mariage avec elle, Pierre-Louis de La Jorsonnière partit s'installer dans l'île de Saint-Domingue. Il appréciait le climat des tropiques qui, en outre, convenait parfaitement à la santé fragile de sa nouvelle épouse. Il ne revenait alors en France que pour livrer ses butins au roi et prendre auprès de lui ses ordres de mission.

La vie à Saint-Domingue plaisait beaucoup aux époux La Jorsonnière. Ils y avaient une belle maison et d'excellents amis. C'était là aussi que Mathilde était née et avait fait ses premiers pas. À la mort de sa mère, Mathilde et son père avaient gardé leur maison sur l'île. Ils y allaient moins souvent et n'y restaient que peu de temps, mais l'idée de retourner s'installer en France ne les avait même pas effleurés : Saint-Domingue était leur pays.

Quand les tours de La Rochelle furent suffisamment éloignées, Pierre-Louis de La Jorsonnière leva simplement la main. C'était le signal que ses hommes attendaient. Les gabiers dénouèrent les cordages qui retenaient les grandes voiles carrées. Elles se déplièrent dans un claquement sec et se gonflèrent tout à fait avec le vent. Le *Roy-Louis* commença à prendre de la vitesse. Mathilde regardait la terre s'éloigner de plus en plus vite.

Bientôt, le navire se pencha doucement sur le côté et s'installa dans sa trace. Le roulement des vagues sur la coque lui imprima un mouvement lent et régulier. Mathilde releva le menton et respira le bon air marin à pleins poumons, elle était dans son élément.

Les côtes de France avaient presque disparu à l'horizon lorsqu'elle aperçut deux petites silhouettes blanches s'apprêtant à monter sur le pont.

7

Mal de mer

Mathilde s'élança vers les deux enfants mal réveillés et complètement déboussolés. En la voyant réagir ainsi, son père ne put s'empêcher de sourire : sa fille prenait finalement son rôle plus à cœur qu'elle ne voulait le montrer.

« Que faites-vous ici ? demanda-t-elle d'une voix sévère.

– Où sommes-nous ? » pleurnicha l'un des deux en regardant tout autour de lui sans trop comprendre.

Mathilde sourit. Elle se rappelait que, petite, il lui arrivait de se réveiller sans se souvenir de l'endroit où elle se trouvait. Elle était alors terrorisée.

« Nous sommes sur le *Roy-Louis*, le bateau de mon père, lui répondit-elle sur un ton plus doux. Nous partons pour la Martinique. Vous souvenez-vous ? »

Elle regarda les deux enfants l'un après l'autre, se demandant qui était qui. « Sa mission de surveillance n'allait pas être facile », pensa-t-elle.

L'un des deux petits garçons hocha la tête en retrouvant le sourire.

« Votre papa est le capitaine du navire ? lui demanda-t-il, les yeux pleins d'admiration.

– Oui, Séverin », tenta Mathilde.

Le garçonnet sourit de plus belle.

« Oh non, moi c'est Léonce. »

Mathilde se mordit la lèvre. Raté !

« Suzanne nous a dit qu'il était un corsaire, enchaîna son frère. Mais où est le drapeau pirate ? »

Mathilde rit.

« Les corsaires ne sont pas des pirates. Ils travaillent pour le roi et sont gentils. Mais à propos de Suzanne, où est-elle ? Ne deviez-vous pas rester dans votre chambre jusqu'à ce qu'elle vienne vous y chercher ? »

L'un des deux baissa la tête, un peu penaud. L'autre, au contraire, la regarda avec un air faussement innocent.

« Nous l'avons appelée, mais elle ne répondait pas », dit-il avec aplomb.

Mathilde fronça les sourcils d'un air sévère pour lui montrer qu'elle n'était pas dupe. Seulement, tant qu'elle ne serait pas capable de les reconnaître, elle aurait du mal à se faire obéir.

« Allons voir », dit-elle.

Elle fit passer les deux enfants devant elle, les remit dans leur cabine et rejoignit la sienne.

Quand Mathilde poussa la porte de sa propre cabine, la jeune fille comprit tout de suite que quelque chose n'allait pas. Le petit garçon de madame de Collange avait peut-être dit vrai. Un long gémissement s'échappait effectivement d'un coin de la chambre. Mathilde se précipita et trouva Suzanne prostrée par terre, la tête entre ses jambes repliées sous elle.

« Suzanne ! » l'appela-t-elle doucement.

La jeune fille releva la tête lentement. Elle était livide.

« Suzanne ! » s'affola Mathilde.

Elle avait rarement vu quelqu'un avec un teint si blafard.

Suzanne gémit, le cœur au bord des lèvres.

« C'est le bateau, murmura-t-elle. Le mouvement... »

Ses boyaux se tordaient à chaque roulis. Elle avait l'impression qu'un poids lui pesait dans le ventre et menaçait de remonter dès que le navire abordait une nouvelle vague. Mathilde lui sourit.

« Vous avez le mal de mer, lui dit-elle doucement. Rallongez-vous, cela va passer. »

Elle soutint Suzanne pour qu'elle retourne à son lit puis posa près du matelas une bassine en porcelaine en cas de nausées.

« Ne vous inquiétez pas, la rassura-t-elle. Vous n'êtes pas la première qui souffre du mal de mer. D'ici quelques heures, il n'y paraîtra plus.

– Et les enfants ? s'alarma Suzanne. Je suis incapable...

– Je m'en occuperai, ne vous inquiétez pas, la rassura Mathilde un brin amère. Je vais d'ailleurs aller les voir tout de suite pour vérifier qu'ils ne sont pas malades eux aussi. »

Il était inutile de dire à Suzanne qu'elle avait déjà récupéré les garçons sur le pont. Cela ne servirait à rien de l'inquiéter.

Mathilde se leva et s'apprêtait à sortir de la cabine quand la voix faible de Suzanne la retint.

« Mathilde ! »

La fille du capitaine se retourna.

« Séverin a un grain de beauté sur l'aile du nez », lui souffla Suzanne.

8

Présentations

L'ambiance dans la cabine des jumeaux Collange était aux antipodes de celle que venait de quitter Mathilde. Ni Séverin, ni Léonce ne souffraient du mal de mer et les deux petits garçons avaient déjà oublié leur inquiétude au réveil. Ils sautaient d'un lit à l'autre en brandissant des épées imaginaires. Mathilde les trouva qui simulaient un abordage en poussant de terribles jurons.

« Nom de... »

L'un des deux s'arrêta net, le bras en l'air, lorsque Mathilde ouvrit la porte. Puis, constatant qu'il ne s'agissait ni de sa mère, ni de Suzanne, il reprit son jeu en criant de plus belle.

« Séverin ! Léonce ! Vous devez vous habiller », leur lança Mathilde qui espérait se faire obéir tout de suite.

Mais les deux petits garçons n'avaient aucune envie d'obtempérer. Ils poursuivaient leur jeu sans se soucier d'elle. Mathilde les observait en essayant de repérer lequel des deux était Séverin. À la vitesse à laquelle ils se déplaçaient et sautaient dans tous les sens, il lui était impossible de détailler leur visage, encore moins d'apercevoir un grain de beauté sur le côté du nez.

« Séverin ! » appela-t-elle de plus belle.

Les deux garnements ne s'arrêtèrent même pas et Mathilde ressentit un terrible abattement.

La jeune fille n'avait pas l'habitude des enfants et ne savait pas comment se comporter en leur présence. La maladie qui avait emporté sa maman quand elle n'avait que 3 ans n'avait pas laissé le temps à ses parents d'avoir d'autres enfants. Elle n'avait donc pas de frère ni de sœur, pas plus que de cousins car sa famille vivant en France, elle ne les voyait jamais. Qui plus est, depuis son plus jeune âge, Mathilde vivait le plus clair de son temps sur le *Roy-Louis*, au milieu d'adultes. Mathilde n'avait jamais souffert de cette situation. À l'heure où les enfants jouaient ensemble, elle se faisait d'autres compagnons en apprivoisant des oiseaux et, une fois même, une souris, au grand dam de son père. Les rongeurs étaient craints comme la peste à bord des navires, car ils ravageaient les réserves de nourriture. En grandissant, Mathilde s'était liée avec les jeunes mousses de l'équipage. Pierre-Louis de La Jorsonnière en acceptait parfois un ou deux, dès l'âge de 10 ans, pour venir en aide à des familles pauvres qui espéraient ainsi arracher l'un de leurs enfants à la misère.

« Léonce ! Séverin ! » hurla-t-elle de nouveau.

Son cri ne troubla pas les enfants qui continuèrent sans se soucier d'elle. Alors, Mathilde décida d'entrer dans leur jeu et de les surprendre. L'attaque par surprise est souvent utilisée par les corsaires pour arraisonner un navire ennemi. Elle attrapa le petit pistolet à crosse gravée qu'elle portait toujours à la ceinture et le pointa devant elle.

« Halte-là ! » lança-t-elle.

L'effet fut immédiat. Les jumeaux s'arrêtèrent de crier aussitôt à la vue du pistolet. Ils dégringolèrent de leur lit et restèrent debout sans plus oser bouger. Maintenant qu'ils se tenaient devant elle, Mathilde pouvait apercevoir le grain de beauté dont lui avait parlé Suzanne. Il n'était pas très gros, mais suffisamment foncé pour sauter aux yeux de qui le cherchait.

« Séverin », dit-elle alors avec assurance en se tournant vers le petit garçon au grain de beauté.

Il tressaillit en s'entendant appeler par le bon prénom. Il avait tellement l'habitude qu'on le confonde avec son frère qu'une inconnue le reconnaissant presque du premier coup l'impressionna.

« Oui ? bafouilla-t-il.

– Un corsaire ne reste jamais en vêtement de nuit pour le combat », lui lança Mathilde avec le plus grand sérieux.

L'enfant se troubla un peu, ne sachant que penser de cette réflexion. Mais l'arme que Mathilde gardait au poing l'empêchait de prendre les événements à la légère.

« Léonce ! ajouta Mathilde en regardant l'autre jumeau. Habillez-vous, s'il vous plaît.

– C'est Suzanne… osa ce dernier, plus téméraire.

– Faites ce que je vous dis », ordonna Mathilde en serrant un peu plus le pistolet dans sa main.

Les deux enfants ne se firent pas prier plus longtemps. Ils se précipitèrent vers leurs habits que Suzanne avait préparés la veille et s'habillèrent en un temps record. Quand ils revinrent devant Mathilde, ils s'arrêtèrent au garde-à-vous. Mathilde sourit en les voyant faire.

« Suzanne est malade, leur expliqua-t-elle alors doucement tout en coinçant son pistolet dans sa ceinture. C'est moi qui vais m'occuper de vous en attendant qu'elle aille mieux. »

Après un bref silence, Léonce pointa son doigt vers le pistolet et demanda :

« Est-ce un vrai ? »

Mathilde reprit le pistolet dans sa main et le lui montra. C'était une arme petite et légère qu'elle pouvait manier avec facilité, même si elle ne s'en servait pas aussi souvent qu'elle l'aurait souhaité. Durant les combats en mer, son père s'arrangeait toujours pour l'isoler et lui confier une tâche où elle ne risquait pas d'être blessée. Il n'empêche qu'il lui avait tout de même offert ce pistolet pour qu'elle puisse se défendre.

« Oui, répondit-elle.

– Et votre épée ? » demanda à son tour Séverin qui venait de repérer la grande lame battant le long de sa cuisse.

Mathilde caressa le pommeau de l'épée. Elle y tenait beaucoup car elle avait appartenu à un jeune Espagnol, Antonio de Almendra, que son père avait sauvé il y avait quelques années. Antonio avait offert son épée au capitaine du *Roy-Louis* qui, lui-même, l'avait donnée à sa fille quand elle avait eu 12 ans.

« Vous savez vous battre alors ? interrogea à son tour Léonce.

– Mieux que je ne sais danser ! » s'exclama Mathilde en riant.

Les deux garçons ouvrirent des yeux ronds comme des soucoupes et poussèrent un petit cri d'admiration. Mathilde se sentit rosir malgré elle : leur enthousiasme la flattait. Ensuite, les jumeaux la pressèrent de questions auxquelles elle répondit patiemment durant presque toute la matinée. Ils étaient d'une insatiable curiosité et Mathilde se réjouit de constater qu'ils étaient plus calmes qu'ils ne l'avaient laissé paraître en arrivant. Son enthousiasme ne devait pas durer. Très vite, dès le repas terminé, la curiosité des garçons s'émoussa ; ils avaient besoin de se dépenser et de libérer toute leur énergie. À partir de ce moment-là, ils lui menèrent la vie dure.

9

Totalement dépassée...

Après quatre jours de navigation, Mathilde rêvait déjà d'arriver. Elle, d'ordinaire si heureuse à bord, n'en pouvait plus. Léonce et Séverin demandaient une attention de tous les instants et elle n'avait pas une minute à elle. Sauf le soir, lorsque les jumeaux de Collange étaient couchés. Mais alors elle était si épuisée qu'elle s'affalait sur son lit et sombrait dans un sommeil profond sans profiter de ces précieuses minutes de liberté.

Le premier jour pourtant, Mathilde eut quelque répit. Léonce et Séverin n'étant pas habitués à se déplacer sur un bateau, ils n'osaient pas encore trop bouger. Ou, du moins, ils n'y arrivaient pas encore parfaitement. Le moindre soubresaut du navire sur une vague plus forte que les autres les déstabilisait et les faisait tomber au sol. Au début, les petits garçons s'en amusèrent mais, après plusieurs chutes, ils trouvèrent le jeu lassant. Sans compter qu'ils devaient aussi sans cesse maintenir leur équilibre précaire en s'appuyant sur une jambe plutôt que sur l'autre. Parfois, ils faisaient trébucher un marin tout à sa manœuvre, provoquant une volée de jurons. Les enfants, si étrangers à la vie du bateau, gênaient et certains matelots s'en plaignaient sans scrupules. À cause de ces deux petits et de leur mère, on les privait d'une campagne en mer, ils n'étaient donc pas très enclins à se montrer aimables.

« Gardez toujours une main pour le bateau et l'autre pour vous », leur enseigna Mathilde en se souvenant de ce que son père lui répétait quand elle était petite.

Pour leur montrer l'exemple, elle se déplaçait alors en gardant toujours une main posée sur un élément du bateau. Léonce et Séverin l'imitèrent patiemment et parvinrent vite à se mouvoir avec plus de facilité. Ils ne tombaient plus, sauf lorsqu'ils le faisaient exprès pour s'amuser l'un l'autre.

Au début, il leur fallut aussi apprendre à s'habituer à la longue ligne de vie que le capitaine de La Jorsonnière exigeait qu'ils portent pour le cas où ils tomberaient à l'eau. Ce cordage enroulé autour de leur taille ne facilitait pas non plus les déplacements. Souvent, il les empêchait d'aller où bon leur semblait et s'accrochait aux mâts ou aux fûts des canons. Parfois aussi, les cordes se tendaient au milieu du pont et faisaient pester les marins qui manquaient se prendre les pieds dedans.

Cette fois encore, les petits s'adaptèrent assez rapidement et firent passer le nœud de leur ligne de vie dans leur dos pour ne pas se prendre les pieds dedans. Ils apprirent aussi à ne plus s'accrocher partout. En une journée, ils furent suffisamment autonomes pour aller et venir à leur guise sur le pont et… enchaîner les bêtises.

C'était Léonce surtout qui avait le plus d'idées, de mauvaises idées ! Il était curieux et peu peureux. Le deuxième jour, Mathilde le récupéra à cheval sur la figure de proue du bateau car il voulait voir à quoi ressemblait le Roi-Soleil lorsqu'il était jeune. L'avant du *Roy-Louis*, en effet, était orné d'une grande sculpture représentant Louis XIV dans les premières années de son règne. Léonce avait échappé à la vigilance de Mathilde quelques minutes tandis qu'elle surveillait Séverin qui s'était mis dans l'idée d'attirer les oiseaux avec un morceau de pain.

Une autre fois, fasciné par la vigie postée tout en haut du mât, il se mit en tête d'aller la saluer. Son ascension s'arrêta quand la ligne de vie ne fut plus assez longue, mais personne n'avait eu le temps de le voir grimper à l'échelle de corde.

Avec deux enfants à surveiller, Mathilde aurait dû être double car ils ne faisaient pas toujours les mêmes choses en même temps. Chaque matin, avant de les retrouver et de les autoriser à quitter leur cabine, elle priait leur ange gardien respectif de les protéger. À défaut de pouvoir compter sur l'aide de Suzanne, et encore moins sur celle de leur mère qui ne s'en occupait jamais, elle mettait les forces célestes de son côté. Du même coup, Mathilde priait aussi l'ange gardien de Suzanne de la remettre sur pied rapidement.

L'état de Suzanne ne s'améliorait pas, contrairement à ce que Mathilde avait espéré. Le roulis du bateau la rendait si malade qu'elle passait ses journées à geindre au fond de son lit. Dès qu'elle tentait de se lever, son estomac se retournait et elle recrachait le peu de nourriture qu'elle avait réussi à avaler juste avant.

Courageusement, elle essaya plusieurs fois de venir sur le pont pour prêter main-forte à Mathilde car elle percevait bien la fatigue de sa compagne de chambre et son agacement parfois. Mais chacune de ses sorties fut un échec. La vue de la mer à l'infini l'oppressait et elle était si faible qu'elle n'était qu'une charge supplémentaire pour Mathilde. Elle prit donc le parti de rester dans sa cabine, priant le ciel que ce voyage se terminât bien vite. La pauvre, la longue traversée ne faisait que commencer...

10

Histoires de pirates

Pour ménager un peu ses forces, Mathilde prit l'habitude de cantonner les deux enfants dans leur cabine après l'heure du déjeuner. Elle pouvait ainsi les garder à l'œil tous les deux dans un espace réduit et puis, dehors, c'était l'heure la plus chaude. Le soleil qui était alors à son zénith dardait ses rayons brûlants sur le pont et écrasait de chaleur l'équipage. À ce moment de la journée, on avait l'impression que l'air était brouillé comme si la chaleur irradiait directement des différentes parties du bateau. Le nombre de matelots à leur poste était limité, la plupart cherchant refuge dans l'entrepont qui restait frais malgré tout. Certes les odeurs de sueur ou de pieds y étaient écœurantes, mais les hommes les préféraient à la fournaise.

Durant ces quelques heures, Léonce et Séverin jouaient donc dans leur cabine. Ils aimaient les jeux de dés ou de cartes. Leur père, avant de mourir, leur avait appris également les dames, dont ils raffolaient. Néanmoins, leur occupation préférée restait de jouer aux flibustiers et aux pirates, s'inventant des exploits formidables et se battant fièrement avec de petites épées en bois. À leur demande pressante, Mathilde leur montra comment se défendre et leur raconta les exploits de son père à bord du *Roy-Louis* ou bien les légendes qui circulaient à propos des plus terribles pirates.

« Les trésors... Parlez-nous des trésors ! »

Mathilde leur décrivit alors les coffres remplis de pièces ou de porcelaine. L'argent, l'or, les perles et tous les matériaux précieux qui attiraient tant de convoitises. Les cargaisons de tabac ou de sucre aussi qui faisaient la richesse des colonies.

« C'est comme le père de notre mère, s'exclama Séverin. Il a une plantation de canne à sucre ! À la Martinique.

– C'est là-bas que nous allons ! »

Les deux enfants étaient très excités à l'idée de cette vie nouvelle qui les attendait. Avant la mort de leur père, leur mère aimait leur raconter sa vie sur l'île de la Martinique, quand elle était petite.

« Y a-t-il des pirates en Martinique ? s'inquiéta Séverin.

– Quelques-uns sans doute. Mais les plus nombreux sont sur l'île de la Tortue, près de Saint-Domingue.

– Est-ce là que vous vivez ? »

Mathilde sourit.

« À Saint-Domingue, oui. »

Une fois encore, elle lut de l'admiration dans les yeux des deux garçons.

« Quels sont les plus grands dangers pour les pirates ? enchaînèrent-ils aussitôt.

– Les autres flibustiers qui veulent leur voler leur trésor. Les Indiens aussi.

– Les Indiens ? interrogea Séverin.

– Oui, certains flibustiers ont été coupés en morceaux et mangés par les Indiens de l'île sur laquelle ils avaient fait naufrage ! »

Les yeux des deux petits garçons s'ouvrirent alors, fascinés et inquiets. Mathilde renchérit :

« Parfois il faut faire attention aux requins aussi. Un jour, le pirate Alexandre Bras-de-fer a dû nager de nombreuses heures en évitant leurs dents.

– Mais pourquoi nageait-il ?

– Son bateau avait sombré à cause d'une tempête. Le mât avait été arraché et un éclair fit exploser les réserves de poudres entreposées dans la sainte-barbe.

– Y a-t-il de la poudre à bord du *Roy-Louis* ? questionna alors Séverin.

– Oui, bien sûr ! Sinon, comment pourrions-nous tirer aux canons ?

– Et les orages ? s'inquiéta-t-il. Sont-ils fréquents ? »

Mathilde s'amusait à rendre ses récits inquiétants pour impressionner les deux enfants, mais dès qu'elle voyait leurs petits visages tendus par trop d'angoisse, elle les rassurait aussitôt.

« Les orages ? Non, c'est très rare.

– Existe-t-il d'autres dangers ? » demanda alors Léonce, sitôt rassuré.

Mathilde réfléchit.

« Il y a bien les maladies, dit-elle. Connaissez-vous le scorbut ?

– Non.

– Cette maladie fait tomber toutes les dents », raconta-t-elle en reprenant une mine sévère.

Les deux enfants mirent les mains à la bouche en criant. Discrètement, ils touchèrent leurs dents pour vérifier qu'elles étaient à leur place.

« Heureusement, nous avons des fruits à bord du bateau, expliqua Mathilde. Ils nous préservent contre cette maladie. Nos réserves de nourriture et d'eau sont essentielles. Sans elles, nous ne pourrions résister très longtemps à un voyage en mer. »

11

Mauvais rêve

Séverin et Léonce avançaient lentement dans la file, attendant leur tour patiemment. C'était la toute première fois qu'ils obtenaient l'autorisation de déjeuner avec le reste de l'équipage. D'ordinaire, ils restaient dans leur cabine où Mathilde prenait son repas avec eux.

Quand Séverin approcha de la grande marmite posée aux pieds du cuisinier de bord, il huma l'air avec délices. Une bonne odeur de soupe de pois lui chatouilla les narines.

« Profite de l'odeur, petit, lui dit le cuisinier avec un drôle d'air. C'est déjà mieux que rien. »

Séverin lui sourit et lui tendit son assiette, une sorte de gamelle en fer-blanc que l'un des matelots lui avait prêtée.

Le cuisinier plongea sa grosse louche dans la gamelle et la vida dans l'assiette du petit garçon.

« Voilà ta ration pour aujourd'hui. »

Séverin remercia et regarda dans son assiette : il n'y avait qu'un seul pois !

« Mais... » protesta-t-il.

Le cuisinier ne lui répondit rien, il releva la tête et invita le second à venir chercher sa ration lui aussi. Séverin s'éloigna, tout penaud. Mais comme il s'asseyait à côté de Léonce, il remarqua que tout le monde n'avait qu'un seul pois dans son assiette. Même le capitaine de La Jorsonnière était à ce régime.

Séverin releva la tête et regarda Suzanne sans comprendre.

« Mangez, lui dit-elle. Profitez-en. Demain, peut-être que nous n'aurons plus rien... »

Séverin se redressa d'un coup et envoya valser son assiette.

« Nooon ! hurla-t-il. Je ne veux pas mourir de faim ! »

Lorsqu'il ouvrit les yeux, Séverin s'aperçut qu'il était dans son lit et non sur le pont avec tout l'équipage. La lueur de la lune filtrait par la fenêtre, éclairant la cabine d'une étrange lumière blanche. Il faisait nuit. Il venait de faire un cauchemar.

« Léonce ? » appela-t-il tout bas.

Mais Léonce ne répondit pas. Il dormait comme un bienheureux, le sourire aux lèvres.

« Léonce ? » appela de nouveau Séverin.

Rien n'y fit. Son frère ne bougea pas.

Le petit garçon tendit l'oreille. Au loin, il lui sembla entendre les officiers du navire qui dînaient, peut-être en compagnie de sa mère. Un soir, il avait aperçu avant de se coucher les riches plats qui leur étaient servis. Le cuisinier du bord veillait à ce que leurs repas soient aussi variés que possible malgré leur séjour en mer.

Un gargouillis dans son ventre le ramena instantanément à son rêve. Et si les officiers épuisaient les réserves ? Et s'il ne restait plus rien d'ici quelques jours ? Séverin s'inquiétait soudain de savoir si les réserves du bateau étaient suffisantes. Ils avaient embarqué à quatre avec sa mère, son frère et Suzanne, le capitaine n'avait peut-être pas prévu assez pour les nourrir ?

Le deuxième jour en mer, Mathilde leur avait fait visiter tout le bateau. Elle leur avait montré l'enclos à fond de cale où s'entassaient quelques moutons, une chèvre, deux cochons et plusieurs poules. Ils étaient tous vivants et les deux garçons s'étaient amusés de trouver une sorte de basse-cour à bord.

« Grâce à eux, nous pouvons avoir de la viande fraîche parfois et du lait aussi », leur avait expliqué la jeune fille.

Elle leur avait aussi montré les grandes barriques pleines de sel dans lesquelles on conservait de la viande séchée. Dans un coin de la cambuse, les sacs de blé et de pois étaient entassés le long des parois du bateau. Non loin, de gros tonneaux contenaient les réserves d'eau et de vin pour tout l'équipage.

Séverin et Léonce avaient été impressionnés par toute cette quantité de nourriture qui leur permettrait de tenir durant tout le voyage. Mais maintenant que Séverin avait expérimenté la vie en mer, il réalisait soudain que les hommes aussi étaient très nombreux et qu'ils devaient certainement manger beaucoup. Le petit garçon s'inquiéta à l'idée qu'ils n'aient plus assez de nourriture. Mathilde elle-même avait insisté pour dire que l'eau et la nourriture étaient indispensables à la réussite de toute traversée.

Séverin se tourna et se retourna dans son lit, cherchant désespérément le sommeil. Mais toujours une même image lui revenait à l'esprit : celle du cuisinier du *Roy-Louis* lui tendant une assiette où il ne restait plus qu'un pois. Après de longues minutes, il se rassit dans son lit et en descendit sans faire de bruit. Il devait en avoir le cœur net, s'assurer qu'il restait assez de nourriture à bord. Sans quoi, il devrait prévenir le capitaine avant que son rêve ne devienne réalité.

12

Le garde-manger

Séverin quitta sa cabine sans bruit. C'était la première fois qu'il s'aventurait seul sur le navire, sans aucune surveillance. Mathilde n'était pas là pour le suivre. Elle était en train de dîner avec son père, comme tous les soirs.

Le petit garçon hésita un peu sur la direction à emprunter. D'habitude, c'était Léonce qui prenait ce genre d'initiative. Lui, il se contentait de suivre. Mais cette fois-ci, c'était différent : son frère dormait et il devait se débrouiller tout seul. Par chance, la lune était presque pleine ; il lui était assez facile de se repérer. Il n'y avait personne en vue. Les hommes de quart étaient sur le pont et profitaient de la fraîcheur de la nuit. Les autres dormaient dans leur hamac ou jouaient entre eux avant de se coucher.

Séverin se dirigea vers la cambuse, dans le fond de la cale. En approchant, il entendit le cambusier ronfler tout son saoul. L'homme ne bougeait pas de cet endroit sombre et mal aéré de tout le voyage.

Il était chargé de surveiller la nourriture et d'en gérer le stock, il avait donc installé son hamac dans un coin du garde-manger pour y dormir. Séverin resta dans l'ombre quelques minutes, le cœur battant. Il écoutait les ronflements du cambusier et, quand ils lui parurent suffisamment réguliers, il se glissa à l'intérieur de la pièce sans faire de bruit. Il y faisait très sombre. L'odeur de nourriture et de viande salée le saisit à la gorge. La chaleur régnant à bord du bateau tout au long de la journée devait faire macérer certains aliments, à la limite de la pourriture.

Séverin repéra à tâtons les lourdes barriques dans lesquelles était entreposée la viande salée. Leur odeur était si forte et si particulière qu'il les reconnut tout de suite. Il les compta pour s'assurer qu'il en restait suffisamment. Ce premier constat le rassura immédiatement. Par acquit de conscience, il s'approcha des murs et sentit au bout de ses doigts les sacs de céréales entassés les uns sur les autres. Sur la toile de jute de l'un des sacs, il effleura quelques gros grains de blé qui avaient dû tomber au cours d'une manipulation. Séverin vit là l'occasion de faire quelques réserves pour le cas où. Il en attrapa une grosse poignée pour les rapporter dans sa cabine et les cacher quelque part quand les petits grains de blé s'agitèrent sous ses doigts.

« Aaah ! » hurla Séverin, terrorisé.

Des cafards ! Il venait d'attraper à pleine main une petite colonie de cafards qui s'était installée dans la sombre cambuse.

Les ronflements du cambusier s'arrêtèrent net.

« Qui va là ? » tonna l'homme en bondissant hors de son hamac.

Terrifié à l'idée d'être découvert, Séverin se pelotonna entre deux sacs, serrant les dents pour ne pas penser aux bestioles qui filaient certainement dans son dos et sous ses pieds. Plus un bruit ne lui parvenait aux oreilles, le cambusier devait certainement écouter attentivement et scruter l'obscurité pour tenter d'y voir quelque chose. Séverin porta la main à son cœur ; il battait si fort qu'il craignait qu'on ne l'entendît.

Des pas s'approchaient maintenant. Séverin se tassa un peu plus sur lui-même.

« Je sais que tu es là ! » murmura le cambusier d'une voix faussement douce. Montre-toi.

L'homme avançait doucement, les mains en avant pour toucher les sacs et les tonneaux et essayer de déloger l'intrus.

« Montre-toi », reprit-il d'une voix mielleuse.

Séverin tremblait de la tête aux pieds, il se tapissait derrière les sacs, priant pour que l'homme ne mette pas la main sur lui.

Soudain, le cambusier trébucha sur une corde qui maintenait les tonneaux les uns sur les autres.

« Satané nom de... » vociféra-t-il en se relevant.

Il frappa un tonneau d'un grand coup et envoya promener son pied en avant.

« Attends que je rallume ma lampe à huile ! rugit-il. Et tu verras de quel bois je me chauffe. »

Séverin comprit qu'il s'éloignait. C'était le moment ou jamais. Il se redressa et bondit hors de sa cachette. Dans sa frayeur, il buta sur une cale qui maintenait une rangée de tonneaux en équilibre, la fit très légèrement jouer et s'enfuit avant même que le cambusier réalise ce qui se passait.

« Hé là ! » hurla ce dernier.

Quelques minutes plus tard, Séverin surgit dans sa cabine et se glissa dans son lit. Il mit un long moment à se calmer : son cœur battait à tout rompre dans sa poitrine, il sentait son pouls taper dans ses tempes. Ses mains tremblaient, il grelottait. Non pas de froid, mais de peur. Quand il s'endormit enfin, le soleil se levait doucement à l'horizon. Il n'entendit pas les premiers signes d'agitation sur le pont, ni le cambusier qui vint frapper à la porte du capitaine pour se plaindre.

13

Que le coupable se dénonce !

« Messieurs, dit le capitaine d'une voix forte à tous ses hommes réunis sur le pont. Le maître cambusier a eu de la visite cette nuit. Un gourmand ? Un voleur ? C'est inadmissible ! »

Le corsaire du roi laissa planer un long silence puis reprit :

« J'attends que l'un de vous se dénonce. »

Un brouhaha s'éleva dans le rang des marins qui se regardèrent les uns les autres en maugréant.

Pierre-Louis de La Jorsonnière fit quelques pas devant eux, les mains dans le dos. Il était rare qu'il réunisse ainsi ses hommes pour des raisons de discipline. D'habitude, lorsque tout l'équipage se retrouvait sur le pont du *Roy-Louis*, c'était parce qu'un combat s'annonçait. Chacun venait alors découvrir la stratégie de leur capitaine et prendre ses ordres.

Debout sur le gaillard d'arrière, Mathilde assistait elle aussi à cette convocation générale. À côté d'elle, Séverin et Léonce se taisaient, très impressionnés. C'était la première fois qu'ils découvraient l'équipage au complet et la vue de tous ces hommes était saisissante. À côté de Léonce, Séverin était un peu plus pâle que son frère.

« J'attends ! tonna le capitaine. Vous n'aurez pas votre ration de biscuits tant que le coupable ne se sera pas dénoncé. »

La menace fit grogner un peu plus les hommes. Les biscuits dont le capitaine parlait étaient l'un des aliments préférés des marins pendant la traversée. Avant chaque voyage, on en chargeait à bord des quantités impressionnantes. Les biscuits étaient distribués chaque jour : ils étaient sucrés et nourrissants, ce qui convenait parfaitement aux hommes qui souvent devaient effectuer de durs travaux physiques.

Soudain, une voix mécontente s'éleva au milieu des marins.

« J'suis sûr que c'est les p'tits, beugla un marin. D'puis qu'ils sont là, c'est la pagaille à bord.

– Ça c'est ben vrai, acquiesça un autre. Toujours à fureter partout.

– Qui m'dit qu'y sont pas allés dans la cambuse ? grogna un troisième.

– J'les ai vus qui complotaient... »

Le mécontentement gronda dans les rangs. Chacun donnait son avis et trouvait à se plaindre des deux enfants. Les hommes, frustrés de ne pas pouvoir faire une campagne corsaire normale, se vengeaient.

« Suffit ! » ordonna le capitaine de La Jorsonnière.

Mais ses hommes ne l'entendaient pas : ils continuaient de se plaindre sans vergogne. Le capitaine jeta un œil derrière lui vers

Mathilde et les deux enfants. Ces derniers se dissimulaient derrière sa fille et jetaient des regards terrorisés vers l'équipage.

« Suffit ! » cria-t-il de nouveau.

Cette fois-ci, les marins se turent. Ils se redressèrent et se tournèrent vers leur capitaine comme un seul homme.

« Messieurs, ces enfants n'ont pas demandé à être sur ce bateau, commença-t-il. Je vous rappelle que c'est un ordre du roi ! Et qui servons-nous ?

– Le roi ! répondirent les hommes tous en chœur.

– Je veillerai encore davantage à ce qu'ils ne vous gênent pas dans vos manœuvres », ajouta le capitaine.

Un murmure de satisfaction se fit entendre.

« Mais cela ne me dit toujours pas qui est allé dans la cambuse cette nuit. »

Un silence lourd lui répondit.

« La sanction tient toujours. J'attendrai que l'un d'entre vous vienne me voir. Messieurs, vous savez où me trouver... »

Le capitaine toisa du regard tout son équipage avec lenteur. Puis, il se détourna et rejoignit Mathilde sur le gaillard d'arrière.

« Arrangez-vous pour que ces deux enfants ne traînent plus sur le pont pendant quelque temps, lui dit-il d'une voix suffisamment basse pour que les marins ne l'entendent pas. Je veux que la tension retombe avant qu'ils réapparaissent. »

Mathilde soupira.

« Ils vont être comme des lions en cage », murmura-t-elle à son père.

Il la regarda et elle vit dans ses yeux que la situation était sérieuse.

« Vous pensez que les hommes… » commença-t-elle.

Son père hocha la tête. Oui, il craignait un soulèvement de ses hommes. Il avait dû se montrer sévère avec son équipage à propos de la cambuse, mais il savait qu'il ne pourrait tenir sa position bien longtemps. Si le coupable ne se dénonçait pas très vite, l'équipage tout entier risquait de s'énerver pour de bon.

Le capitaine de La Jorsonnière se tourna alors légèrement vers les deux petits garçons, pelotonnés derrière sa fille.

« Oui, Mathilde, dit-il d'une voix un peu plus forte. Si le coupable continue de se taire, les hommes le trouveront tout seuls. Je n'aimerais pas être à sa place. »

14

Mauvaise conscience

Séverin était inhabituellement calme depuis le début de la matinée. Mathilde, qui avait cantonné les deux enfants dans leur cabine, s'étonnait de son manque d'enthousiasme. Il refusait de jouer, ne criait pas, ne se battait pas, ne réclamait pas d'histoire.

« Quelque chose ne va pas, Séverin ? » lui demanda-t-elle à plusieurs reprises.

Le garçonnet levait alors les yeux vers elle, semblait sur le point de parler, puis se ravisait.

« Et vous, Léonce, savez-vous pourquoi votre frère n'est pas bien ? »

Le petit garçon l'ignorait. Son jumeau ne lui avait rien dit et il ne comprenait pas beaucoup plus que Mathilde son étrange attitude. Il s'en arrangeait pourtant, car il avait la fille du corsaire pour lui tout seul pour apprendre à manier sa petite épée de bois.

Au moment du déjeuner, lorsque l'on apporta les repas dans leur cabine, Léonce se renseigna auprès de Mathilde.

« Est-il vrai que nos repas sont meilleurs que ceux des marins ? »

Mathilde ne savait pas où il avait entendu cela, mais c'était la vérité.

« Oui, répondit-elle simplement. Vous êtes comme des invités à bord du *Roy-Louis*. Vous avez droit à un régime spécial.

– Et les hommes, alors ? Ils n'ont pas de biscuits aujourd'hui ? Vraiment ? poursuivit Léonce.

– Vraiment, oui. Mon père est très sévère. »

Un frisson parcourut l'échine de Séverin.

« Sévère comment ? demanda Léonce.

– Sévère, mais juste. Si l'homme d'équipage qui a traîné dans la cambuse se dénonce, il lèvera aussitôt la sanction et distribuera des biscuits aux marins.

– Et il mettra le coupable aux fers ? » questionna Léonce qui était fasciné par la personnalité du corsaire du roi.

Mathilde se mit à rire.

« Non, bien sûr que non ! Il lui donnera une corvée à faire.

– Une corvée ?

– Oui, nettoyer le pont, ou la cambuse, tenez ! Ce serait juste que mon père envoie le coupable aider le cambusier. »

Léonce était déçu.

« Il ne le mettra pas aux fers, vous êtes sûre ? »

Mathilde sourit.

« Les fers sont réservés aux matelots qui contestent les ordres du capitaine et menacent la sécurité du navire. Il faudrait que notre homme ait mangé toutes les réserves de nourriture pour mériter les fers. »

Séverin dévisagea la jeune fille du coin de l'œil pour savoir si ce qu'elle disait était vrai.

« Avez-vous déjà vu le capitaine mettre quelqu'un aux fers ? continua Léonce.

Décidément, ce sujet le passionnait.

– Presque jamais, répondit Mathilde. Mon père est un homme respecté de ses marins. »

Soudain, Séverin tira sur la manche de Mathilde et lui souffla quelques mots à l'oreille. La jeune fille ouvrit de grands yeux surpris puis dévisagea le petit garçon et lui sourit gentiment. Son teint tout pâle lui serrait le cœur.

« Nous irons tout à l'heure », lui promit-elle.

15

Des aveux

Le capitaine de La Jorsonnière terminait tout juste son repas lorsque l'on frappa à la porte.

« Oui, entrez ! » répondit-il.

Sa fille Mathilde se glissa dans la pièce, tenant Séverin par les épaules, devant elle.

« Mathilde ? s'étonna le capitaine.

– Père, dit-elle d'une voix un peu solennelle. Ce jeune homme voudrait vous parler. »

Elle faisait exprès de dire « jeune homme » pour montrer à Séverin que sa démarche était courageuse et digne. Pierre-Louis de La Jorsonnière esquissa un léger sourire de contentement et leur fit signe d'entrer.

« Fort bien ! Laissez-nous seuls », dit-il à sa fille.

Mathilde lâcha les épaules de Séverin qui se tourna vers elle, soudain pris de panique.

« Tout ira bien, Séverin, lui souffla-t-elle. Mon père est gentil, vous verrez. »

Et sans laisser au petit garçon le temps de réagir, elle s'éclipsa par la porte.

Pierre-Louis de La Jorsonnière resta assis pour éviter d'écraser l'enfant de sa haute taille.

« Vous vouliez me parler ? » dit-il.

Maintenant qu'il se trouvait devant le père de Mathilde, Séverin n'était plus du tout aussi sûr de lui. Tout à l'heure, il avait l'assurance que lui dire la vérité serait la meilleure chose à faire – d'autant qu'il ne risquait pas les fers – mais à présent il n'avait qu'une seule envie : s'enfuir en courant.

Le capitaine regarda le petit garçon et lui dit simplement.

« Vous vouliez me parler de cette nuit ? »

Séverin tressaillit. Comme le capitaine savait-il ?

« Oui, capitaine, bredouilla-t-il enfin. Je suis allé dans la cambuse cette nuit. »

Il se tut. Il avait les larmes aux yeux. Le capitaine admira le courage de ce petit garçon qui venait se dénoncer comme le ferait tout honnête homme.

« Je m'en doutais, avoua-t-il alors. Le cambusier m'a raconté ce qui s'était passé. Il m'a dit que le cri qu'il avait entendu était très aigu. J'en ai conclu qu'il s'agissait de l'un de nos tout jeunes mousses. Ou bien d'un enfant. »

Séverin plissa la bouche. Il ne voulait pas pleurer. Son père lui disait que les hommes ne pleurent jamais.

« Que faisiez-vous dans la cambuse ? » l'interrogea le capitaine.

Les narines de Séverin frémirent comme s'il allait éclater en sanglots, mais il se ressaisit.

« J'ai fait un cauchemar. Il ne restait plus qu'un seul pois par personne pour le repas. Nous allions tous mourir de faim.

– Un cauchemar ? » répéta le corsaire.

Séverin dit oui de la tête.

« Je voulais être sûr qu'il reste assez de nourriture pour la fin de notre voyage. Si ce n'était pas le cas, je vous aurais prévenu. »

Le capitaine sourit malgré lui.

« Pensez-vous que le cambusier ne m'avertirait pas si nous n'avions plus assez de nourriture ? »

Le petit garçon haussa les épaules.

« Oui, sans doute. Mais dans mon cauchemar… »

Pierre-Louis de La Jorsonnière se leva. Il s'approcha de l'enfant et se pencha vers lui.

« Ce n'était qu'un mauvais rêve, dit-il. Le *Roy-Louis* n'a encore jamais manqué de nourriture. »

Séverin baissa la tête.

« Pardon, monsieur, bredouilla-t-il. Pardon, capitaine », se corrigea-t-il ensuite.

Pierre-Louis de La Jorsonnière posa alors une main sur l'épaule du petit garçon qui releva la tête.

« Je suis fier de vous, le félicita-t-il. Ce n'est pas facile de venir se dénoncer. Grâce à vous, les hommes vont avoir leur ration de biscuits. »

Séverin sourit puis s'assombrit de nouveau.

« Vous ne leur direz pas que c'était moi ? s'inquiéta-t-il.

– Je ne préfère pas.

– Vous ne me mettrez pas aux fers non plus ?

– Non plus. »

Séverin retrouva un peu de son assurance.

« Je peux faire n'importe quelle corvée pour me faire pardonner », proposa-t-il.

Le capitaine corsaire sourit : les enfants commençaient à connaître parfaitement la vie à bord. Mathilde devait sans doute les abreuver de récits à longueur de journée pour satisfaire leur curiosité.

« J'y réfléchirai, lui dit le capitaine. En attendant, regagnez votre cabine et n'en sortez pas avant que je vous le dise. »

Après deux jours de cantonnement des deux garçons de Collange dans leur cabine, Pierre-Louis de La Jorsonnière les autorisa enfin à revenir sur le pont. Les hommes d'équipage avaient déjà oublié l'épisode de la cambuse et si un ou deux râlèrent, la plupart ne prêtèrent pas la moindre attention aux enfants. Séverin et Léonce étaient aux anges : ils retrouvaient l'air libre et ils avaient bien l'intention d'en profiter. Mathilde aussi se réjouissait de retrouver le pont. Elle ne pouvait plus supporter la cabine des deux garçons qui lui paraissait de plus en plus étroite à mesure que le temps passait.

Mais le répit ne fut que de courte durée car le ciel en décida autrement. Séverin et Léonce savouraient leur liberté retrouvée depuis à peine quelques heures lorsque le cri de la vigie déchira l'air :

« Capitaine ! À bâbord ! »

Instinctivement, Mathilde regarda dans la direction indiquée par l'homme perché tout en haut du mât.

« Des pirates ? Ce sont des pirates ? » l'interrogèrent les deux garçons alertés eux aussi par le hurlement de la vigie.

Mathilde secoua la tête. De gros nuages noirs roulaient à l'horizon et s'avançaient en refermant leur mâchoire sur la mer.

« Non, répondit-elle. Une tempête… Allons ! Rentrez dans votre cabine. »

Léonce voulut résister, mais quand il aperçut l'air sévère du capitaine de La Jorsonnière qui lançait des ordres à ses hommes, il se ravisa. En un éclair, les jumeaux détachèrent leur ligne de vie et filèrent dans leur cabine.

« Mathilde ! appela son père. Veillez à ce qu'ils ne sortent pas ! Nous allons être secoués. Affalez toutes les voiles », tonna-t-il à l'attention des gabiers qui grimpèrent à toute allure dans les mâts.

Les nuages avalaient à toute vitesse la distance qui les séparait encore du navire.

16

Tempête

Mathilde frappa trois petits coups à la porte.

« Entrez ! »

Elle poussa doucement le battant et resta sur le pas de la porte.

« Madame, mon père m'envoie vous dire que nous allons traverser une tempête », dit-elle à madame de Collange, assise dans un fauteuil près de la fenêtre.

Un livre était posé sur ses genoux, fermé. Mathilde était presque certaine qu'elle ne l'avait pas ouvert. La jeune fille ignorait à quoi la mère de Léonce et Séverin occupait ses journées. Elle passait le plus clair de son temps enfermée dans sa cabine et ne faisait que de brèves apparitions sur le pont pour marcher un peu et contempler l'horizon sans rien dire. Le soir, la plupart du temps, elle demandait à ce que son repas lui soit servi directement dans sa cabine.

Madame de Collange tourna la tête vers la fenêtre et dit d'une voix éteinte :

« Une tempête ? Mais l'horizon est dégagé... »

Par l'ouverture, on ne voyait en effet qu'une immensité de ciel bleu ponctuée seulement de quelques petits nuages blancs.

« De ce côté, en effet, madame, répondit poliment Mathilde. De l'autre, en revanche, une grosse barre de nuages noirs avance droit sur nous.

– Ah ! » dit simplement madame de Collange.

Comme elle n'ajoutait rien, Mathilde s'avança un peu dans la cabine.

« Me permettez-vous de vérifier que votre fenêtre est bien fermée. Le vent risque de souffler fort. »

La jeune veuve leva la main sans rien dire pour lui faire signe d'approcher. Quand Mathilde se fut assurée que la fenêtre ne risquait pas de s'ouvrir en battant, elle lui demanda :

« Avez-vous besoin de quelque chose ? Souhaitez-vous que vos fils viennent dans votre cabine, ou que vous les rejoigniez dans la leur ? »

Madame de Collange secoua la tête en signe de dénégation.

« Non, merci. Tout est parfait ainsi. J'ai pu constater que vous vous occupiez fort bien d'eux. »

Elle marqua une légère pause et reprit, sans véritable chaleur :

« Merci de ce que vous faites. J'ai appris pour Suzanne. La pauvre. Je sais que sans vous elle ne s'en sortirait pas. »

Elle soupira et regarda Mathilde.

« Vous pouvez me laisser, ajouta-t-elle. Vous devez avoir à faire... »

Mathilde inclina la tête et s'éclipsa avec un sentiment de malaise qui l'étreignait dès qu'elle rencontrait la mère des jumeaux. D'un côté, elle lui en voulait de ne pas s'occuper davantage de ses enfants. De l'autre, elle la sentait si profondément triste qu'elle ne pouvait la blâmer vraiment.

Dans sa cabine, Mathilde trouva Suzanne assise sur son lit. La jeune gouvernante essayait de se lever de plus en plus souvent et elle commençait à s'habituer tant bien que mal au roulis du bateau. Elle avait encore le teint cireux, mais son estomac lui jouait moins de tours et elle recommençait doucement à s'alimenter. Ces quelques jours de diète avaient creusé les traits de son visage et affiné sa silhouette. Il lui faudrait encore un peu de temps avant de retrouver la bonne santé qu'elle avait en arrivant.

« Suzanne, lui dit Mathilde. Nous allons essuyer une tempête. »

Suzanne pâlit.

« Une tempête ? demanda-t-elle, affolée.

– Ne vous inquiétez pas, la calma Mathilde. Le *Roy-Louis* en a vu d'autres, mais c'est parfois impressionnant. »

Suzanne n'était pas rassurée du tout.

« Restez dans votre lit, lui conseilla Mathilde. C'est préférable. Le bateau risque de bouger beaucoup.

– Oh, non ! » geignit Suzanne en maudissant l'affreux ballottement du bateau.

Tandis qu'elle parlait, Mathilde rangea soigneusement le petit meuble qui lui servait de coiffeuse. Elle glissa les flacons de verre dans les tiroirs pour éviter qu'ils ne tombent et ne se cassent. D'un rapide coup d'œil, elle embrassa la cabine et vérifia que rien ne risquait de tomber, de se briser ou de blesser Suzanne.

« Je vais rejoindre Léonce et Séverin, dit-elle. Je veux être à côté d'eux. Ils risquent d'avoir peur. »

Suzanne eut un pauvre sourire.

« Oui, vous avez raison, allez-y vite. Je m'en sors très bien toute seule. »

Les premières rafales de vent touchèrent le bateau quelques minutes plus tard seulement. Mathilde, qui avait retrouvé Léonce et Séverin, espérait que les hommes aient pu terminer d'arrimer les voiles solidement. Dans les tempêtes, il n'était pas rare que certains cordages lâchent et libèrent un morceau de voile qui claquait dans le vent et se déchirait. Il y avait bien à bord quelques réserves de toile pour réparer les voiles, mais chaque remise en état demandait du temps et le bateau devait parfois naviguer plusieurs jours avec une voilure réduite. C'était autant de jours précieux perdus sur un voyage déjà très long. Les cargaisons du navire et les réserves de nourriture étaient toujours prévues au plus juste pour éviter toute surcharge. Un retard de quelques jours pouvait parfois affamer sérieusement l'équipage.

Le vent claqua contre la fenêtre de la cabine que Mathilde avait soigneusement condamnée. Le bruit fit craquer le bois et, pour la première fois de la traversée, les enfants de madame de Collange eurent vraiment peur. Ils levèrent vers Mathilde leurs petits visages épouvantés. Elle leur sourit, rassurante.

« Ne vous inquiétez pas, leur dit-elle. Mon père est le meilleur corsaire du roi. Ce n'est pas la première tempête qu'il affronte. »

Une nouvelle bourrasque de vent fit gémir les planches. Léonce et Séverin se serrèrent instinctivement contre Mathilde.

« Maman ! » bredouilla Séverin.

Le cœur de Mathilde se serra.

La jeune fille s'assit alors directement par terre et prit les deux petits garçons dans ses bras, chacun d'un côté. Puis, elle se mit à fredonner les chansons que la vieille Amalia lui chantait quand elle était petite. À Saint-Domingue, tout le monde traitait Amalia de sorcière. Sauf Mathilde. Quand elle était tout bébé, la vieille femme l'avait sauvée d'un mal étrange qui avait failli la tuer. Depuis, Mathilde était restée très liée à la vieille femme qu'elle retournait voir à chacun de ses passages à Saint-Domingue. Les berceuses d'Amalia apaisèrent vite les deux enfants qui somnolaient presque, chacun sur une épaule de Mathilde. Quand une vague plus violente que les autres attaquait le flanc du bateau, ils sursautaient, puis se laissaient de nouveau aller à la rêverie.

Dehors, le spectacle était impressionnant. Le ciel était devenu si noir qu'on se serait presque cru en pleine nuit. Le vent balayait le pont avec des rafales d'une rare violence. Le bateau montait et descendait dans les vagues qui ressemblaient à des murs d'eau et s'écrasaient ensuite sur le pont, entraînant presque tout sur leur passage. Les quelques hommes et le capitaine qui restaient encore dehors s'étaient solidement arrimés au bateau en utilisant des cordes.

Debout derrière la barre, le capitaine de La Jorsonnière tentait de maintenir le cap de son navire pour éviter qu'il ne se renverse sur le côté. Il gardait la mâchoire crispée, les mains cramponnées à sa barre en forme de roue, les jambes solidement ancrées au sol. Il était trempé et sonné presque à chaque vague, mais rien n'aurait pu l'empêcher de tenir son bateau.

Soudain, les premiers éclairs apparurent à l'horizon.

17

Voici l'orage

Quand Mathilde aperçut par la fenêtre les zébrures blanches dans le ciel, elle ne put s'empêcher de frissonner. Bien sûr, ce n'était pas du tout la première fois qu'elle subissait un orage en mer, mais elle détestait cela. C'était plus fort qu'elle : cela lui faisait peur. À chaque nouvel éclair, elle priait pour que le feu ne s'abatte pas sur le mât qui pointait haut dans le ciel. Elle serra un peu plus fort contre elle les deux petits garçons et essaya de continuer de chanter pour eux. Le cœur n'y était pas, mais elle poursuivait malgré tout. Le bruit des coups de tonnerre s'ajoutait maintenant à celui du vent. Chaque nouvel assaut du ciel se faisait avec plus de fracas.

« Quand est-ce que cela va s'arrêter ? murmura Séverin, très inquiet.

– Est-ce que maman va bien ? s'inquiéta son frère.

– Et si la foudre embrasait la poudre dans le bateau...

– Qu'arriverait-il si elle cassait le mât ? »

Les deux petits garçons avaient besoin de parler pour chasser leur peur, mais chacune de leur question ne faisait qu'inquiéter un peu plus l'autre, et même Mathilde. La jeune fille essayait de ne penser à rien, mais elle n'y parvenait que très mal.

« Maman dit qu'il faut prier quand tout va mal, suggéra alors Léonce d'une petite voix.

– Mais tout va bien, lui dit courageusement Mathilde. Ce n'est qu'un orage parmi tant d'autres. »

Elle pressa cependant les deux petits contre elle, baissa la tête et commença à murmurer une prière. Les voix de Léonce et Séverin se joignirent rapidement à elle.

Lorsque Mathilde rouvrit les yeux, l'orage était passé. Le jour semblait être revenu dans la cabine. Elle s'étira, toute courbaturée, et aperçut Séverin et Léonce qui s'étaient endormis eux aussi, vaincus par la fatigue et la peur.

Mathilde se releva sans bruit. Elle attrapa une couverture qu'elle posa sur les deux enfants à même le sol et quitta la cabine sans bruit. Elle voulait voir son père.

En arrivant sur le pont, Mathilde l'aperçut immédiatement, toujours accroché à la barre de son navire. Elle se précipita vers lui et se retint de le serrer dans ses bras. Elle ne voulait pas lui montrer qu'elle avait eu peur.

« J'ai rarement traversé une tempête d'une telle violence », dit aussitôt Pierre-Louis de La Jorsonnière.

Mathilde hocha la tête. Elle regarda autour d'elle. La mer était encore très grosse et les vagues ressemblaient à des milliers de petites collines qui s'étiraient jusqu'à l'horizon. L'eau était grise et menaçante. Le vent soufflait encore fort, mais le plus dur était passé.

« Je déteste les orages, dit-elle alors. Rien de cassé ? »

Le capitaine lui sourit.

« Je ne crois pas, dit-il. Le *Roy-Louis* est un navire solide.

– Son capitaine aussi, renchérit Mathilde en regardant les traits fatigués de son père. Combien de temps la tempête a-t-elle duré ? demanda-t-elle.

– Je l'ignore, mais elle m'a semblé très longue.

– Vous devriez aller dormir », suggéra Mathilde.

Le capitaine secoua la tête.

« Pas encore. J'attends que la mer se calme. Je ne me reposerai que lorsque je serai certain que rien ne peut plus nous arriver dessus. »

Mathilde regarda à l'horizon. Le ciel était encore bas et gris mais, déjà, la lumière du soleil réussissait à percer par endroits.

« Le calme après la tempête », murmura-t-elle.

À peine avait-elle prononcé ces paroles qu'une vague plus grosse que les autres manqua coucher le navire sur le côté. Mathilde perdit l'équilibre, tomba et se cogna au montant de la barre.

« Mathilde ! » hurla son père tout en manœuvrant pour redresser le bateau.

La jeune fille se releva en se frottant la tête. Elle sourit courageusement.

« Ce n'est rien, dit-elle. J'aurai juste une grosse bosse. Je n'ai pas vu la vague arriver.

– Moi non plus, avoua son père. Attachez-vous ou bien retournez dans votre cabine. Vous ne devez courir aucun risque. »

Mathilde attrapa une corde qu'elle se passa autour de la taille. Son père lui sourit, rassuré.

« Comprenez-vous pourquoi je tiens encore à rester à la barre ? dit-il. Une catastrophe est si vite arrivée. »

À peine avait-il prononcé ces derniers mots que le cambusier jaillit des entrailles du navire. Il avait les traits déformés par l'angoisse.

« Capitaine ! appela-t-il en apercevant Pierre-Louis de La Jorsonnière. Il est arrivé une catastrophe ! »

18

Hécatombe

Le spectacle que découvrirent Mathilde et son père dans la cambuse était désespérant.

« Je ne comprends pas. Je ne comprends pas, répétait le cambusier en secouant la tête. Je ne comprends pas. »

Tous les tonneaux contenant l'eau potable du navire s'étaient détachés d'un seul coup et étaient venus s'écraser contre la coque du bateau. La plupart étaient éventrés. Certains, très rares, avaient résisté à la violence du choc, mais leur couvercle avait sauté. L'eau qu'ils contenaient s'était immédiatement répandue.

« J'avais pourtant tout vérifié avant la tempête. J'ai resserré chaque cordage, gémissait le responsable du garde-manger. Je ne comprends pas. »

Toute la nourriture en sac qui se trouvait sous les tonneaux déchiquetés s'imprégnait doucement d'eau. Elle serait immangeable.

« Tout a tenu, continua de se lamenter le cambusier. Tout a tenu. Jusqu'à cette maudite vague. »

Sa voix se brisa. Il était désespéré.

Pierre-Louis de La Jorsonnière ne dit rien, mais il mesurait l'ampleur du désastre. Toute l'eau potable du navire avait disparu. La plupart des sacs de grains seraient inutilisables. La traversée était devenue impossible.

Il se tourna vers le cambusier et chercha à comprendre.

« Tu dis avoir tendu tous les cordages ? »

Le cambusier hocha la tête.

« Oui, capitaine.

– Et les cales ?

– Oui, capitaine, je crois.

– Tu crois ? s'étonna le père de Mathilde.

– La tempête est arrivée si vite, s'expliqua le cambusier. Le plus important était les cordages. Ce sont eux qui maintiennent les tonneaux.

– Les cales de bois aussi, tu le sais !

– Oui, capitaine. Mais je vous le disais : la tempête a été si rapide… je n'ai pas eu beaucoup de temps pour réagir. J'ai dû courir aux quatre coins de la cambuse pour éviter que tout ne se renverse. J'ai peut-être oublié une cale, oui », ajouta-t-il, penaud.

Le capitaine de La Jorsonnière se tut. Il savait que son homme avait fait au mieux. Par tempête, la cambuse devenait un vrai enfer où il fallait retenir les sacs qui risquaient de tomber et de se crever, les tonneaux dont, certains, déjà ouverts, menaçaient de se renverser à tout moment.

« Tout avait tenu, capitaine, gémit le cambusier. Je ne pensais pas que cela pourrait arriver après la tempête. »

Le capitaine lui mit la main sur l'épaule et la pressa fortement.

« Je ne te blâme pas, mon ami, lui dit-il. Moi-même je me suis laissé surprendre par cette vague traîtresse. J'essayais juste de trouver une raison à ce désastre. »

Il soupira et regarda son cambusier d'un air désolé.

« Pour pouvoir maudire quelque chose, vois-tu ? »

Mathilde, debout derrière son père, n'osait pas bouger. Elle aussi avait compris la situation. Elle redoutait de lui poser la question qui lui brûlait les lèvres. Le cambusier la devança :

« Qu'allons-nous faire, capitaine ? Je n'ai plus qu'un tonneau et demi d'eau potable, souffla-t-il. Et presque toute la farine doit être inutilisable. Je pourrai peut-être en sauver quelques sacs, mais rien n'est moins sûr.

Le capitaine corsaire soupira.

« Nous allons devoir faire escale, dit-il. C'est notre seule chance de nous en sortir. »

19

Escale forcée

Penché au-dessus de la table, dans sa cabine, le capitaine de La Jorsonnière étudiait la carte avec Paul de Quintaine, son second.

« Nous avons déjà dépassé les Açores, constata le capitaine après avoir fait un nouveau point. Y retourner prendrait trop de temps. »

Il étudiait la carte avec soin pour tenter de prendre la meilleure décision. Il ne leur restait pas plus de deux ou trois tonneaux d'eau potable et les deux hommes savaient qu'ils ne pourraient tenir longtemps sans boire. Les hommes, à la rigueur, pourraient sans doute se priver d'eau quelque temps, mais certainement pas madame de Collange, ses deux enfants, Suzanne et même Mathilde. Sans compter les bêtes à fond de cale. Quant à boire de l'eau de mer, c'était hors de question. Tout bon marin savait que l'eau de mer en trop grande quantité provoquait la mort.

« Mais les Caraïbes sont beaucoup trop éloignées, capitaine, rétorqua Paul de Quintaine.

– Je sais, je sais », répondit le capitaine, soucieux.

Il réfléchit, passa la main sur la carte et se redressa.

« Allez me chercher les autres cartes ! ordonna-t-il à son second.

– Les autres cartes ?

– Oui ! Sortez-moi tout ce que vous avez. Il doit bien y avoir une autre île quelque part par ici, que cette carte ne montre pas. J'en suis presque certain. Je me souviens d'avoir entendu parler d'un caillou que l'on appelait l'île des Fleurs. »

Paul de Quintaine s'empressa d'obéir. Il ouvrit tous les tiroirs de l'étrange commode dans laquelle on rangeait les cartes et les sortit une à une.

Pierre-Louis de La Jorsonnière écarta rapidement celles qui ne l'intéressaient pas du tout. En revanche, il étudia avec soin tout ce qui cartographiait l'océan Atlantique et toutes les côtes le bordant. Après près d'une heure de recherche, il pointa enfin le doigt sur une tache minuscule au milieu d'une carte.

« Ici ! lança-t-il, victorieux ! C'est l'île de Flores, ou l'île des Fleurs si vous préférez. »

Paul de Quintaine se pencha en avant et regarda la petite île avec curiosité.

« Je n'en ai jamais entendu parler.

– Il me semble qu'elle est presque totalement inhabitée et que les conquérants qui essayèrent de s'y installer échouèrent.

– Sait-on pourquoi ?

– Une vie trop rude sans doute. »

Paul fit la grimace.

« En effet, elle est loin de tout.

– Sauf de nous ! » lança Pierre-Louis de La Jorsonnière.

Il saisit un instrument de navigation et le déplaça sur la carte.

« Si mes calculs sont bons et si le vent nous reste favorable, nous y serons dans un jour et demi. »

Paul de Quintaine se redressa et regarda longuement son capitaine. Il admirait cet homme capable de garder son sang-froid dans une situation aussi désespérée que la leur. Il ne dit rien et se contenta de sourire pour approuver son supérieur.

« Mettons vite le cap sur Flores, annonça alors ce dernier. Elle est notre unique espoir. »

20

Inquiétudes

C'était la deuxième fois en quelques jours à peine que le capitaine rassemblait tous ses hommes sur le pont. Chacun se douta immédiatement que quelque chose ne tournait pas rond, mais aucun ne céda à la panique. Même lorsque le corsaire du roi leur présenta la situation dans laquelle ils se trouvaient.

« Nous naviguons vers l'île de Flores, leur annonça-t-il à la fin. C'est là que nous nous arrêterons pour refaire le plein d'eau et acheter de la nourriture si tant est que nous en trouvions. Car j'ignore sur quoi nous allons tomber. Je vous demande donc de rester vigilants... »

Étrangement, un murmure d'excitation passa dans les rangs. Les hommes se réjouissaient d'avance d'avoir peut-être à en découdre avec quelques indigènes. Les marins de bateau corsaire étaient taillés pour la mer et la bataille. L'inaction leur pesait, aussi les incertitudes de leur capitaine ne pouvaient que les réjouir.

Tandis que Pierre-Louis de La Jorsonnière parlait à ses hommes et tentait d'organiser l'abordage de l'île de Flores, Mathilde expliquait aux deux garçons de madame de Collange la situation. Pour la première fois depuis le départ du bateau, Suzanne se tenait avec eux. La tempête l'avait terrorisée mais, curieusement, elle avait terminé de l'amariner tout à fait. À présent, la jeune fille ne souffrait plus du mal de mer et elle avait retrouvé quelques couleurs. De très brèves couleurs car, quand Mathilde annonça que les réserves du bateau en eau et en nourriture étaient sérieusement touchées, elle pâlit.

« Ne vous inquiétez pas, la rassura Mathilde tout en s'adressant aussi à Léonce et à Séverin. Mon père a repéré une île où nous pourrons accoster pour reconstituer nos provisions.

– Est-ce loin ? demanda Suzanne.

– À une journée et demie de navigation.

– Une journée et demie sans manger ! » s'exclama Léonce qui était un gourmand.

Mathilde rit.

« Non ! Il reste de la nourriture, heureusement. Mais nous n'en aurons pas suffisamment pour tout le voyage si nous ne nous arrêtons pas.

– Et l'eau ? Vous disiez qu'il en restait très peu. »

La fille du capitaine fit une petite moue embarrassée.

« C'est surtout l'eau, notre problème, en effet. Nous ne pourrons tenir que quelques jours avec ce qui nous reste.

– Mais alors... nous allons mourir ! » dit Séverin d'une voix blanche.

La situation était pire que celle de son cauchemar.

Mathilde lui passa la main dans les cheveux avec douceur.

« Je vois que vous ne connaissez pas encore assez bien mon père, lui répondit-elle d'une voix rassurante. Personne n'est jamais mort de soif à bord du *Roy-Louis*.

– Et du scorbut ? Y a-t-il eu des morts du scorbut, déjà ? demanda Léonce qui se passionnait pour tous les récits marins que Mathilde leur racontait régulièrement depuis leur départ de La Rochelle.

– Non plus », dit Mathilde après avoir réfléchi.

Séverin quitta son air trop sérieux et se détendit un peu.

« Pourquoi les tonneaux d'eau se sont-ils détachés ? questionna-t-il.

– Je n'en sais trop rien, mais je suppose que la tempête a été si violente que les cordages ont dû forcer.

– Le cambusier ne les vérifie pas avant ? s'étonna Suzanne.

– Bien sûr que si, répondit Mathilde. Mais tout a été très vite. Il a sans doute fait tout ce qu'il pouvait mais, dans l'urgence, il a peut-être oublié de tout vérifier. Qui sait ? Une simple petite cale mal mise peut provoquer une catastrophe. »

Séverin pâlit légèrement : il se rappelait avoir buté dans quelque chose quand il était allé dans le garde-manger. Un petit morceau de bois sans doute. Une cale peut-être ?

« Il suffit qu'une cale soit légèrement déplacée pour que les forces travaillent différemment, continua Mathilde sans s'apercevoir du trouble du petit garçon. Avec les vagues, les tonneaux tirent, poussent, frottent et, tout à coup, la cale saute ! Tout s'effondre. »

Autre chose préoccupa soudain Léonce.

« Comment ferons-nous pour récupérer de l'eau ? demanda-t-il.

– Eh bien, nous irons à terre et nous trouverons un endroit où il y en a.

– Comment savoir si elle est potable ?

– L'eau de source est potable, dit Suzanne en prenant la parole. Il nous suffira donc de trouver une source.

– Et les tonneaux ? s'inquiétait toujours Léonce.

– Les tonneaux ?

– Vous nous avez dit qu'ils étaient tous cassés. »

Mathilde hocha la tête : effectivement, la plupart des tonneaux étaient cassés et inutilisables.

« Nous en achèterons aux habitants de l'île, répondit-elle.

– Et s'il n'y a pas d'habitants ?

– Eh bien, nous devrons fabriquer de nouveaux tonneaux ! » lança Mathilde d'un air enjoué.

« Et rester longtemps à terre », pensa-t-elle en se gardant bien de le dire aux garçons.

Suzanne lui lança un regard oblique : elle avait très bien compris la situation. Ils n'arriveraient pas à la Martinique avant un long moment...

21

L'attente

L'ambiance à bord du *Roy-Louis* était étrange tandis que le navire faisait route vers l'île de Flores. Les hommes parlaient peu pour économiser leur salive, mais ils affûtaient leurs armes et scrutaient sans cesse l'horizon comme s'ils pouvaient y découvrir à l'avance ce qui les attendait. Pierre-Louis de La Jorsonnière fit mettre les canons à poste, pour le cas où, et l'on amena de la poudre à portée de main.

Séverin et Léonce de Collange suivaient tous ces préparatifs la mine grave et se gardaient bien de faire le moindre commentaire. Cette atmosphère tendue les inquiétait et les excitait tout à la fois. Ils rêvaient d'affronter un ennemi imaginaire, mais craignaient que les choses ne tournent mal.

À l'heure du premier repas, chaque homme prit sa ration et la mangea lentement. Exceptionnellement, le capitaine leur fit servir un gobelet de vin pour remplacer l'eau. Il la réservait pour plus tard et pour les enfants et les femmes à bord. Dans leur cabine, d'ailleurs,

Léonce et Séverin prenaient très à cœur de participer eux aussi à l'effort général. Ils se partagèrent à eux deux un seul verre d'eau et veillèrent à bien mastiquer les aliments pour saliver le plus possible.

Seule leur mère, madame de Collange, ne semblait pas mesurer la gravité de la situation. Lorsque le capitaine de La Jorsonnière était venu lui annoncer ce qui s'était passé et les événements à venir, elle n'avait presque pas réagi comme si plus rien de ce qui l'entourait ne la concernait. Elle remercia cependant le capitaine de faire de son mieux et lui assura qu'elle ferait son éloge auprès de son cousin, le roi Louis XIV. Intérieurement, Pierre-Louis de La Jorsonnière pensa qu'il était un peu tôt pour le féliciter car ils n'étaient pas encore sortis d'affaire. Mais la jeune femme semblait être ailleurs et il n'osa pas la contredire. Il craignait sa réaction si elle comprenait soudain l'embarras dans lequel ils se trouvaient tous.

En fin de journée, Mathilde laissa Suzanne seule avec les garçons dans leur cabine. Pour la première fois depuis leur départ, elle pouvait s'accorder un peu de liberté. Elle courut rejoindre son père derrière la barre pour mieux comprendre ce qu'il envisageait pour les jours à venir. Le *Roy-Louis* n'avait encore jamais fait escale en catastrophe pour refaire le plein d'eau et de nourriture. Les rares fois où il avait été contraint de dévier sa route et de s'arrêter, c'était pour réparer une avarie. Or du bois, il y en avait partout, sur n'importe quelle île. Et le charpentier embarqué à bord du navire était capable de faire des planches à partir d'un simple tronc d'arbre. En revanche, rien ne garantissait que l'on puisse trouver de l'eau potable et de la nourriture sur une île presque inconnue de tous puisqu'elle n'apparaissait même pas sur toutes les cartes. Pierre-Louis de La Jorsonnière ne le montrait pas, mais il était soucieux. En son for intérieur, il maudissait la tempête qui avait fragilisé les cordages, la dernière vague qui avait provoqué la catastrophe et même son cambusier qui n'avait pu l'éviter.

Juste avant le souper, Léonce et Séverin vinrent jouer un peu sur le pont sous la surveillance de Suzanne. Sans même qu'elle ait besoin de le leur demander, les deux petits garçons s'attachèrent d'eux-mêmes avec leur ligne de vie. Mathilde sourit en les voyant agir : ils devenaient raisonnables.

Tout en veillant à ne pas faire trop de bruit et à ne pas déranger les marins parce qu'ils comprenaient la situation, les deux petits garçons se mirent à se courser sur le pont. Après la tempête, ils étaient contents de se dérouiller les jambes.

Léonce courait devant, poursuivi par son frère, lorsqu'il tourna un peu vite, s'accrocha le pied et tomba par terre. Il se releva instantanément, s'apprêta à reprendre sa course quand une expression d'effroi se peignit sur sa figure. Il ouvrit la bouche plusieurs fois sans qu'aucun son n'en sorte, cracha quelque chose dans sa main et hurla :

« Z'ai le scorbut ! Z'ai le scorbut ! »

22

Fausse alerte

Quand elle vit Léonce pâlir tout à coup, Mathilde comprit tout de suite que quelque chose n'allait pas. Elle se précipita au-devant de lui et l'atteignit au moment où il commençait à hurler.

« Z'ai le scorbut ! Z'ai le scorbut ! »

Les marins se retournèrent, alertés eux aussi par les cris.

Le petit garçon regarda Mathilde, les yeux pleins de terreur. Il tendit la paume grande ouverte vers elle et répéta d'une voix qui se brisa.

« Z'ai le scorbut ! Ze perds mes dents ! »

En effet, Léonce tenait dans sa main l'une de ses dents qui venait de tomber. En la découvrant, Mathilde poussa un gros soupir de soulagement.

« Vous m'avez fait peur. »

Suzanne arriva juste à ce moment-là et regarda la dent à son tour.

« Félicitations, Léonce ! Vous venez de perdre votre première dent », applaudit-elle.

Le petit garçon la dévisagea avec un drôle d'air.

« Ze croyais que z'avais le scorbut, dit-il.

– Le scorbut ? » répéta Suzanne qui n'en avait jamais entendu parler.

Mathilde secoua la main pour chasser le sujet. Elle se pencha vers Léonce et lui demanda :

« Quel âge avez-vous, Léonce ?

– Zept ans !

– Eh bien, Suzanne a raison, vous perdez enfin vos dents. Ouvrez la bouche ! »

Léonce s'exécuta. Mathilde y regarda de plus près et lui dit :

« J'aperçois un minuscule bout de votre future dent qui perce déjà à travers la gencive.

– Z'est vrai ? » demanda Léonce qui louchait sur le bout de son nez comme s'il allait pouvoir voir l'intérieur de sa bouche.

Suzanne se pencha à son tour.

« Je confirme, dit-elle.

– Moi aussi, lança Séverin qui jeta un œil à son tour.

– Ze n'ai pas le scorbut alors ? » demanda Léonce avec un léger zézaiement que provoquait sa dent en moins.

Mathilde se redressa.

« Je n'ai pourtant pas eu l'impression que vous vous étiez rationné pour le déjeuner. »

Léonce fit la moue : la jeune fille disait vrai. Certes il n'avait bu qu'un seul verre d'eau, mais il avait mangé avec un solide appétit.

Mathilde le rassura :

« Le scorbut ne s'attrape pas aussi facilement que vous le pensez. Il faut mal se nourrir depuis de longs jours pour en souffrir. Et même alors, les dents ne tombent pas toujours. »

Quelques minutes plus tard, Léonce rassuré, Mathilde rejoignit son père qui la dévisagea avec un sourire en coin.

« Vous semblez prendre très à cœur la mission que je vous ai confiée. »

Mathilde rougit légèrement. Avec le temps, elle s'était attachée aux enfants. Ils étaient vifs, fatigants, agaçants parfois, turbulents, mais tellement attachants.

« Leur mère ne s'occupe pas beaucoup d'eux, constata le capitaine.

– Pas beaucoup ? s'offusqua Mathilde. Vous pouvez plutôt dire pas du tout ! Depuis le début de notre voyage, elle n'est pas venue une seule fois les voir dans leur cabine. C'est moi qui, chaque matin, les amène embrasser leur maman pour la journée. »

Mathilde s'arrêta. Elle repensait aux enfants qui se blottissaient contre elle pendant la tempête en réclamant leur mère.

« Ils ont besoin d'elle et elle les ignore.

– Sa peine est immense, l'excusa Pierre-Louis de La Jorsonnière. Il faut la comprendre.

– Et accepter qu'elle délaisse ses enfants ? »

Le corsaire regarda sa fille avec une expression grave.

« Quand votre mère est morte, je n'avais plus envie de rien, moi non plus. J'ai trouvé si difficile de devoir continuer de m'occuper de mes hommes, de mon navire mais, surtout, de vous.

– De moi ? dit Mathilde, peinée.

– Dès que je vous voyais, j'étais saisi par votre ressemblance avec votre maman. Et cela me faisait mal. »

Mathilde se taisait : son père ne lui avait jamais avoué tout cela.

« Chaque fois que je devais m'occuper de vous, je m'imaginais qu'elle aurait fait mieux que moi. Je réalisais combien vous aviez besoin d'une maman. Pour mes hommes, c'était plus facile. Je savais faire depuis longtemps et j'étais le seul maître à bord. Tandis que vous... nous avions décidé de vous avoir à deux... »

Pierre-Louis de La Jorsonnière se tut. Il regarda un moment au loin, dans le vague.

« Madame de Collange a besoin de temps, murmura-t-il. Bientôt elle s'occupera de nouveau de ses enfants comme avant. J'en suis certain. »

23

À l'horizon

« Capitaine, nous arrivons en vue de l'île de Flores », annonça Paul de Quintaine.

Après une nuit complète de navigation, toutes voiles dehors pour avancer le plus vite possible malgré la mer qui restait forte, le *Roy-Louis* arrivait enfin non loin du petit morceau de terre repéré sur la carte par le capitaine de La Jorsonnière. Ce dernier dissimula son soulagement de ne pas s'être trompé.

« Et quels sont vos pronostics ? demanda-t-il.

– Le vent baisse légèrement, répondit le second. Je pense que nous pourrons accoster en tout début d'après-midi. »

Le capitaine sourit.

« C'est parfait. Cela nous laisse le temps de nous préparer. »

Il attrapa sa longue-vue et tenta d'apercevoir l'île tant espérée. Mais, de là où il se trouvait, il ne pouvait la voir. Seule la vigie, perchée en haut de son mât à plusieurs mètres au-dessus de l'eau, pouvait en deviner les contours.

« Maintenez le cap, ordonna le capitaine. Je vais dire aux hommes de se tenir prêts à prendre leur poste.

– Pensez-vous que nous devrons nous battre ? » l'interrogea Paul de Quintaine.

Le capitaine secoua la tête.

« Je l'ignore totalement. Peut-être que les habitants de l'île nous accueilleront à coups de canon ? Peut-être seront-ils aimables ? Peut-être aussi n'y a-t-il personne là-bas ? »

Il fit une pause.

« Nous devons nous préparer à toute éventualité.

– Bien, mon capitaine. »

Pierre-Louis de La Jorsonnière laissa son second à la barre et parcourut le navire en distribuant les ordres. Les gabiers, perchés dans les mâts, devaient être prêts à rentrer les voiles pour s'amarrer ou, au contraire, à en lâcher davantage pour prendre la fuite. Les marins, habitués à manier les canons, vérifièrent leur matériel, nettoyant les fûts avec soin. Ils entassèrent quelques boulets à côté de chaque canon et firent des provisions de poudre. Dans sa cabine, Mathilde s'assura que son petit pistolet à crosse gravée n'était pas enrayé. Elle profitait de ce que Suzanne s'occupe des enfants pour le faire. Elle ne voulait surtout pas les inquiéter. Peine perdue…

Car, quand l'île de Flores fut suffisamment proche, la vigie cria si fort du haut de son mât que tout le monde à bord put l'entendre.

« Drapeaux noirs à l'horizon ! »

Léonce et Séverin, qui devaient rester dans leur cabine, se tournèrent vers Mathilde venue les rejoindre un peu plus tôt.

« Des pirates ? » s'alarma Léonce.

La jeune fille ne répondit pas. Instinctivement, elle s'approcha de la fenêtre de la cabine, plissa les yeux et scruta l'horizon. En dehors de la silhouette de l'île qui se dessinait maintenant à la surface de la mer, elle ne vit rien.

« Ze zont des pirates ? » redemanda Léonce.

Mathilde se tut.

Un peu plus haut, sur le pont, le capitaine de La Jorsonnière avait frémi en entendant la vigie. Des pirates ! Voilà bien une éventualité qu'il n'avait pas envisagée. Maintenant qu'il y pensait, cela ne l'étonnait pourtant pas. Les flibustiers avaient l'habitude de s'arrêter dans des endroits isolés où ils ne risquaient pas d'être trop facilement repérés et donc attaqués, voire arrêtés. C'est là qu'ils entreposaient leurs butins ou qu'ils se ravitaillaient.

« Au moins, nous sommes sûrs qu'il y a de la nourriture sur Flores », pensa le capitaine.

Un second cri de la vigie déchira l'air.

« Deux drapeaux noirs ! »

Le capitaine de La Jorsonnière réagit immédiatement. Il ne pouvait continuer sa route tranquillement vers l'île sans risquer de se faire attaquer par les pirates. Ceux-ci reconnaîtraient bien vite le navire du roi et ils verraient sans doute là l'occasion de le dépouiller de ses biens. Aucun signe n'indiquait que le *Roy-Louis* ne transportait que des passagers cette fois-ci et les pirates ne feraient pas de différence.

« À bâbord, toute ! »

Le capitaine tourna la barre du *Roy-Louis* de toutes ses forces tandis que les marins réglaient les voiles pour cette nouvelle allure. Le navire se pencha lentement, dessina une courbe sur la mer et changea de direction.

Dans la cabine des enfants, Mathilde n'avait pas entendu la seconde alarme de la vigie, mais elle comprit aussitôt que le bateau modifiait sa route. Elle était si habituée à naviguer que, même les yeux fermés, elle était capable de deviner les manœuvres qui se faisaient sur le pont. Ce brusque changement n'avait rien de rassurant.

« Nous tournons ! » s'écria tout à coup Séverin qui se tenait à la fenêtre.

Il regarda Mathilde qui lui sourit, l'air de rien.

« Nous évitons les pirates ? interrogea le jeune garçon.

– Qui vous parle de pirates ? rétorqua Mathilde en feignant la bonne humeur. Ce doit être le port de l'autre côté de l'île », suggéra-t-elle.

Suzanne la regarda sans rien dire : elle avait perçu l'inquiétude dans la voix de la fille du capitaine. Mais elle aussi voulait préserver les deux enfants.

« Ce doit être beaucoup plus simple en effet de se ravitailler au port, ajouta-t-elle en fixant Mathilde.

– Oui, répondit cette dernière en esquissant un pâle sourire. Arriver dans une crique est toujours très compliqué. Il faut jeter l'ancre au large, mettre une chaloupe à la mer, ramer jusqu'à terre… Imaginez le travail si nous devons charger tous les tonneaux avec de l'eau.

– Nous pourrons aider ! proposa aussitôt Léonce. Ze zuis un grand maintenant que ze perds mes dents. »

Mathilde sourit pour de bon cette fois-ci. Ces deux garnements étaient vraiment mignons.

24

Stratégie

Sur le pont du *Roy-Louis*, les hommes regardaient l'île de Flores s'éloigner avec une certaine appréhension. Leur unique chance de reconstituer leurs réserves s'éloignait de minute en minute et aucun n'osait dire tout haut ce qu'il pensait tout bas. Bien entendu, tous avaient entendu les deux alertes de la vigie et ils savaient tous ce que cela signifiait. Ils n'avaient aucune chance contre deux bateaux pirates en même temps. Mais fuir revenait à mourir de faim. Quitte à mourir, les hommes préféraient que ce soit au combat.

La seule chose qui empêchait les hommes de parler, c'était l'immense respect qu'ils avaient pour leur capitaine. Pierre-Louis de La Jorsonnière était un homme courageux et intelligent : il savait sans doute ce qu'il faisait. Les hommes guettaient donc chacun de ses gestes, la moindre de ses paroles, dans l'espoir qu'ils leur donnent des informations sur ce qui allait suivre. Mais le capitaine ne bougeait pas. Les sourcils froncés, la nuque raide, il regardait l'horizon sans rien dire. Il réfléchissait.

Mathilde n'avait pas la retenue des matelots, ni leur patience. La situation lui échappait complètement et elle avait envie de savoir ce qu'il se passait.

« Père », dit-elle en surgissant sur le pont à côté du capitaine.

Ce dernier sursauta ; il ne l'avait pas entendue venir.

« Pourquoi changeons-nous de cap ? lui demanda-t-elle sans attendre. Nous fuyons ? »

Son père se tourna vers elle : il affichait un grand sourire.

« Vous souriez ? lui lança-t-elle, médusée.

– Ce que vous venez de dire est exactement ce que j'espérais entendre.

– Comment ?

– Vous pensez que nous fuyons », reprit le capitaine.

Mathilde fit la moue.

« Cela m'en a tout l'air.

– Et c'est justement ce que je veux faire croire. »

Le visage de Mathilde s'illumina, elle n'avait pas été longue à comprendre.

« Vous voulez dire que... »

Le corsaire du roi acquiesça.

« J'espère que les flibustiers croiront la même chose que vous et ne s'intéresseront plus à nous.

– Nous aurions pu les attaquer, nota Mathilde.

– Ils sont deux, d'après notre vigie. »

La jeune fille se tut : elle ne le savait pas. Deux, c'était trop en effet.

« Mais si nous fuyons, comment reconstituerons-nous nos réserves ? »

Son père ne répondit pas tout de suite. Il la laissa réfléchir un moment pour voir si elle en venait à la même conclusion que lui.

« Vous voulez tout de même accoster sur l'île… » dit Mathilde tout haut en même temps que l'idée lui traversait l'esprit.

Le capitaine hocha la tête.

« Je n'ai pas le choix, Mathilde. Sans cela, nous ne pourrons pas tenir. Mais nous aborderons de l'autre côté de l'île en espérant qu'il n'y ait pas d'autres navires pirates. »

Mathilde se rembrunit.

« Admettons qu'il n'y en ait pas. Ceux-là nous repéreront tout de même rapidement. Notre arrivée risque de ne pas passer inaperçue, même de l'autre côté de l'île. Le temps que nous fassions notre ravitaillement, ils auront tout le loisir de venir nous prendre à revers. »

Pierre-Louis de La Jorsonnière regarda Mathilde avec fierté. Elle raisonnait déjà comme un corsaire. Dommage qu'elle soit une fille, sinon elle serait promise à un bel avenir au service de Sa Majesté le roi.

« C'est à cela que je réfléchis en effet. Il faut trouver un moyen de nous ravitailler très vite et le plus discrètement possible. »

Le gabier posté juste au-dessus du capitaine et de sa fille n'avait pas perdu un mot de leur conversation. Cela le conforta dans son opinion : le capitaine savait ce qu'il faisait. Sans attendre, l'homme monta un peu plus haut dans les échelles de cordage pour annoncer la nouvelle à ceux qui travaillaient dans les voiles comme lui. De là, le bruit se répandit sur le pont, dans les cales et jusqu'à la cambuse où le chef du garde-manger tentait de récupérer ce qui pouvait l'être.

Partout les hommes accueillaient la nouvelle avec satisfaction. Le capitaine de La Jorsonnière était un bon chef, cela ne faisait aucun doute. Et chacun se mit à réfléchir à la meilleure façon de procéder pour refaire les réserves du bateau avant que les pirates réagissent.

Quand l'autre côté de l'île fut en vue, après une journée supplémentaire de privation et de rationnement en eau, Pierre-Louis de La Jorsonnière autorisa les enfants de madame de Collange à venir sur le pont. Les deux garçons s'y aventurèrent donc, suivis de près par Suzanne.

« Est-ce que nous pourrons aller à terre ? demanda Séverin, impatient à l'idée de découvrir une île, sa première île !

– Je ne sais... commença Suzanne.

– Certainement pas ! intervint un marin en passant à côté d'eux.

– Pourquoi cela ? » reprit Séverin d'une voix polie.

Le marin partit dans un gros rire gras.

« Crois-tu que nous sommes ici pour visiter ? lança-t-il. Ces deux minots n'ont toujours pas compris ce qu'était un navire corsaire. »

Séverin était déçu. Il aurait tant aimé débarquer.

Le ton du marin redevint grave et il se pencha en avant, tout près des garçons.

« C'est à cause de vous, tout cela, leur susurra-t-il suffisamment bas pour que Suzanne n'entende pas. Vous nous portez la poisse ! »

Il regarda les enfants en roulant de gros yeux et leur murmura :

« Si cela ne tenait qu'à moi, je vous jetterais par-dessus bord ! »

Le marin sourit de toute sa bouche édentée. Du point de vue d'un petit garçon, il avait l'air terrifiant. Il faut savoir en effet que certains matelots du capitaine de La Jorsonnière avaient des allures inquiétantes. Le manque d'hygiène, les blessures au combat, les vêtements souvent sales, tout cela contribuait à leur donner un aspect peu soigné. Sans compter quelques mauvaises manières que les uns et les autres gardaient de leur vie passée.

« Le vol dans la cambuse, la tempête, les tonneaux qui se détachent, la perte de l'eau potable, énuméra le marin. Je sais que c'est... VOUS ! »

Ce disant, il pointa son doigt énorme sur le torse de Séverin. Le pauvre enfant était tétanisé et n'osait plus rien dire.

« Pardon, monsieur, vous disiez ? » intervint Suzanne d'une voix polie en voyant la petite mine déconfite de Séverin.

Elle n'avait pas saisi ce que le marin disait aux enfants, mais elle sentait que quelque chose ne tournait pas rond.

« Vous disiez ? » l'imita le marin avec une voix fluette.

Léonce rit. Ce marin qui s'amusait à changer de personnage lui plaisait.

L'homme se releva. Séverin lui trouva la taille et la carrure d'un géant.

« Disparaissez ! tonna-t-il. Ou sinon... »

Il mima alors celui qui jetait un paquet dans l'eau.

Séverin frémit. Peu après, quand Suzanne interrogea les enfants sur ce qu'il s'était passé, Léonce rit sans rien dire et Séverin demanda à retourner dans sa cabine. Le pauvre garçon prenait la menace du marin très au sérieux : il préférait suivre son conseil et disparaître de sa vue.

25

Dans le silence de la nuit

Quelques heures plus tard, alors que la nuit était tombée depuis un long moment, le *Roy-Louis* pénétra silencieusement dans la baie. Tous les hommes qui étaient sur le pont se taisaient et observaient leur capitaine en silence. Ce dernier fit signe à l'un d'entre eux d'amener la chaloupe et de la mettre à la mer. Pierre-Louis de La Jorsonnière avait quitté son bel uniforme de capitaine et revêtu une simple chemise avec une paire de pantalons noirs. Autour de son cou, il avait passé un foulard noir lui aussi et troqué ses bottes contre une paire de souliers grossiers. Le corsaire du roi se tourna vers son second, Paul de Quintaine, et lui serra la main en silence. Il lui confiait son navire et ses hommes. Puis, il s'approcha de la fragile silhouette qui était restée debout près du mât du bateau. Il l'étreignit en silence et baisa le haut de ses cheveux. Mathilde leva les yeux vers lui en souriant. Elle voulait lui montrer qu'elle n'avait pas peur, même si son cœur battait la chamade.

Alors, le capitaine s'engagea sur la petite échelle de corde qui descendait le long du flanc du bateau jusqu'à la chaloupe. Un homme s'y tenait déjà, les rames à la main. Un autre les rejoignit. Puis, une légère secousse dans l'échelle indiqua qu'on pouvait la remonter. Les hommes la hissèrent à bord et l'on entendit simplement quelques discrets coups de rames dans l'eau.

Paul de Quintaine fit signe aux gabiers, silencieux dans les voiles, d'en lâcher une. Ensuite, il se mit à la barre, la tourna vivement et le bateau fit demi-tour. Tandis qu'il s'éloignait de l'île de Flores, Mathilde scrutait l'eau avec angoisse. La chaloupe formait comme une petite tache sombre à la surface de la mer. Il était prévu qu'ils reviennent chercher le capitaine dans deux jours. Si tout se passait bien, il avait promis de rapporter autant d'eau et de nourriture qu'il le fallait.

Mathilde regarda le ciel et chercha le visage de sa mère dans les étoiles.

« Protégez-le ! » supplia-t-elle en silence.

Quand la jeune fille ne vit plus rien du tout, elle regagna sa cabine et s'allongea tout habillée sur son lit.

« Tout se passera bien », lui chuchota Suzanne dans le noir.

Elle s'était réveillée en entendant Mathilde rentrer.

« Votre père sait ce qu'il fait », ajouta-t-elle.

Mathilde soupira : si seulement Suzanne pouvait avoir raison.

« Bonne nuit, Suzanne », chuchota-t-elle.

Elle se mit sur le dos, les bras croisés sous la tête, et garda les yeux ouverts longuement. Au moment de sombrer dans le sommeil, elle pensa qu'elle n'était pas passée par la cabine des garçons de Collange pour vérifier qu'ils dormaient bien, comme elle le faisait chaque soir, juste avant de se coucher.

26

Disparu !

De petites secousses tirèrent Mathilde de son sommeil. Elle bougonna, fatiguée par la nuit agitée de cauchemar qu'elle venait de passer, et se tourna vers le mur en rouspétant. Elle allait se rendormir aussitôt quand les secousses se répétèrent, plus pressantes.

« Mathilde ! »

La voix de Suzanne avait un timbre étrange.

Mathilde se retourna, ouvrit les yeux et découvrit Suzanne, d'une pâleur extrême. Elle se redressa aussitôt sur son lit.

« Suzanne ! Vous êtes encore malade ? »

La jeune gouvernante secoua la tête. Elle voulut parler, mais son menton se mit à trembler. Les larmes affluèrent à ses yeux.

« Suzanne ? s'inquiéta Mathilde. Que se passe-t-il ?

– C'est Séverin, murmura-t-elle. Il n'est pas dans son lit. »

Mathilde pâlit à son tour.

« Il s'est peut-être caché dans sa cabine pour s'amuser.

– J'ai cherché partout, répondit Suzanne d'une voix brisée.

– Et Léonce ?

– Il dort encore. J'ai préféré ne pas le réveiller tout de suite. »

Mathilde s'assit complètement sur son lit.

« Êtes-vous allée voir chez sa mère ? »

Les yeux de Suzanne s'agrandirent d'effroi.

« Oh, non ! Si madame savait ! Elle ne doit surtout rien apprendre.

– Et sur le pont ?

– J'y ai jeté un œil rapide, mais je n'ai rien vu.

– Il faudrait interroger les marins de quart », dit Mathilde.

Elle se leva d'un bond.

« Je m'en charge. Pendant ce temps, réveillez Léonce et essayez de savoir s'il sait quelque chose. Son frère lui a sans doute dit où il était. Il ne peut pas avoir disparu comme ça ! »

Sa voix monta dans les aigus. Mathilde pensa à son père : heureusement qu'il n'était pas là, il aurait été furieux.

Sur le pont, personne n'avait vu le petit garçon. Même les hommes qui rouspétaient après les enfants s'inquiétèrent et cherchèrent partout dans le bateau. En vain. Séverin était introuvable.

De son côté, Suzanne essayait de faire parler Léonce, mais l'enfant ne savait rien. Ils s'étaient couchés comme d'habitude. Son frère ne lui avait rien dit.

Quand Mathilde revint dans la cabine, Suzanne se précipita vers elle. Mais Mathilde baissa la tête.

« Hier soir, quand vous êtes allée vous coucher, Séverin dormait-il ? lui demanda Suzanne qui ne voulait négliger aucune piste.

La fille du capitaine se mordit la lèvre.

« Je ne suis pas passée voir les enfants, avoua-t-elle. J'ai oublié. J'y ai pensé une fois dans mon lit, mais je ne me suis pas relevée. »

Suzanne se tordit les mains.

« Cela veut dire qu'il a peut-être disparu depuis longtemps. »

Léonce se mit à pleurer doucement. Il ne pleurait presque jamais, mais cette fois-ci, c'était différent : son frère jumeau, sa moitié, avait disparu.

Suzanne s'agenouilla devant lui et lui saisit le menton doucement.

« Léonce, souvenez-vous ? insista-t-elle. Séverin a-t-il parlé de quelque chose ? Vous a-t-il semblé bizarre ? »

Léonce ferma les yeux, essuya ses larmes d'un revers de la main et tenta de se remémorer les faits de la veille.

« Ze crois qu'il aurait aimé aller sur l'île, dit-il simplement. Il espérait y dezendre. »

Suzanne sourit : c'était vrai, elle s'en souvenait elle aussi.

« Quand Séverin a dit qu'il voulait aller à terre, un marin nous a certifié que ce ne serait pas possible, ajouta-t-elle à son tour. Il a déclaré aux enfants qu'ils n'étaient pas sur le bateau pour visiter la région. »

Léonce renchérit :

« Il disait que tout était de notre faute et il ne voulait zurtout pas nous voir. Zinon, il nous zetterait à l'eau. »

Mathilde tressaillit.

« Qui vous a dit cela ? demanda-t-elle.

– Le marin, zur le pont. »

Mathilde regarda Suzanne qui haussa les épaules, l'air désolée.

« Je n'ai pas entendu tout ce qu'il a dit aux enfants. Et quand je les ai interrogés, ils ne m'ont pas répondu.

– Sauriez-vous le reconnaître ? demanda Mathilde.

– Bien zûr ! s'écria Léonce.

– Pensez-vous que... ? demanda Suzanne sans oser aller jusqu'au bout de sa pensée.

– Séverin aura peut-être eu peur, admit Mathilde. Et trouvé un moyen de quitter le bateau. »

Suzanne ouvrit la bouche d'effroi.

« La chaloupe ! » s'écria-t-elle.

Mathilde serra les lèvres. Rien n'était moins sûr, mais il restait toujours cet espoir.

Elle passa la main dans les cheveux de Léonce et lui sourit.

« Nous allons retrouver votre frère, lui lança-t-elle avec un air joyeux pour dédramatiser la situation. En attendant, je vais voir le marin qui vous a effrayé hier. »

27

Où est-il ?

Martin n'était pas un mauvais bougre. Il râlait beaucoup, parlait sans doute un peu trop, mais il était l'un de ceux sur lequel le capitaine pouvait toujours compter. Son engagement était total. Quand Mathilde vint le trouver pour lui parler de Séverin, il admit sans peine qu'il avait un peu exagéré car il trouvait plutôt amusant d'effrayer les enfants.

« Vous comprenez, mademoiselle Mathilde, ils nous gâchent toute notre campagne et, depuis qu'ils sont à bord, nous n'avons que des problèmes. »

Mathilde devait admettre que le marin n'avait pas tort. Ils ne pouvaient cependant pas laisser l'enfant à son triste sort. Les fouilles dans le bateau ayant été faites, il ne restait qu'une seule possibilité : Séverin s'était caché dans la chaloupe et en avait profité pour se rendre à terre. En réalité, il existait bien une autre éventualité, mais personne ne voulait y penser. Tous refusaient de croire que le petit garçon ait pu passer par-dessus bord.

Mathilde alla voir Paul de Quintaine.

« Il faut nous rapprocher de la côte, lui dit-elle. J'irai avec Martin à terre pour tenter de retrouver Séverin. »

Le second n'était pas du tout d'accord. Il préférait attendre le retour de Pierre-Louis de La Jorsonnière pour agir. En tout cas, il ne voulait pas prendre le risque d'envoyer Mathilde dans une île sans doute peuplée de pirates.

« Un des hommes ira à votre place », dit-il.

Mathilde secoua la tête.

« Paul ! C'est perdu d'avance. Si Séverin se cache, il ne se montrera jamais à l'un de nos marins. »

Paul secoua la tête : il ne céderait pas.

« Pensez à l'état dans lequel se trouve cet enfant, plaida alors Mathilde. Il lui a semblé que disparaître était la meilleure solution, mais il n'a que 7 ans ! »

La jeune fille l'imaginait, totalement terrorisé, caché dans la chaloupe. Il y était peut-être encore, tremblant de peur à l'idée de ne jamais revoir ceux qu'il aimait. À moins qu'il n'en soit sorti et qu'il n'ait décidé de se cacher quelque part en attendant le retour du *Roy-Louis*. Mais alors, tout pouvait arriver : une bête féroce, un serpent, un indigène affamé, un pirate sanguinaire… Mathilde frissonna en pensant à tous les dangers qui guettaient un enfant seul sur une île inconnue. Elle réalisa soudain à quel point elle s'était attachée aux petits. Certes, depuis leur arrivée, elle ne s'était presque pas reposée. Certes, ils avaient accumulé les bêtises et attiré la poisse sur le navire. Mais ils avaient aussi apporté un peu de fantaisie à son quotidien, ils l'avaient écoutée, ils lui avaient fait confiance. Séverin et Léonce étaient turbulents, épuisants ou énervants mais ils étaient surtout curieux, vifs, enjoués, charmeurs et charmants, heureux de vivre malgré tout, enthousiastes et terriblement attachants.

Paul de Quintaine regarda la fille de son capitaine. Il ne savait que penser. Tout ce qu'elle disait était vrai, mais c'était si risqué de l'envoyer à terre.

« Attendons votre père, dit-il finalement, c'est trop dangereux.

– Paul ! s'écria Mathilde, la voix brisée. Il ne tiendra pas deux jours ! Il peut se passer tant de choses. Et il n'a rien pour se nourrir. »

Paul déglutit.

« Le roi ne nous le pardonnera pas s'il arrivait quelque chose », ajouta Mathilde.

Le second se redressa : cette perspective lui glaçait le sang.

« C'est à sa mère d'y aller avec Martin, statua-t-il finalement.

– Sa mère ? Mais elle ne sait même pas que son fils a disparu.

– Eh bien, prévenez-la !

– Mais, je... Je suis sûre qu'elle ne fera rien. Elle ne s'est pas occupée une seule fois de ses enfants depuis notre départ de La Rochelle.

– Elle reste leur mère. Ou bien la disparition de son fils ne devrait pas lui peser », répliqua froidement Paul de Quintaine.

Le second du *Roy-Louis* se détestait en disant cela, mais il n'avait pas le choix : c'était à la mère de Séverin de prendre ses responsabilités.

« J'irai la voir et je lui dirai ce qu'il se passe, ajouta-t-il courageusement. Nous verrons quelle sera sa réaction. »

28

La métamorphose

Un long hurlement de douleur transperça l'air et glaça tout l'équipage. Mathilde ferma les yeux et se retint de pleurer. Elle continuait d'errer dans le bateau à la recherche de Séverin. Plus le temps passait, plus l'espoir de le retrouver diminuait. Elle le savait et ne voulait pas y penser.

Dans la cabine de madame de Collange, Paul de Quintaine se maudissait pour ce qu'il venait de faire, mais il n'avait pas le choix. Au début, à l'annonce de la disparition de son fils, madame de Collange n'avait pas réagi. Elle était restée immobile, encaissant le choc sans rien dire. Puis, à mesure que la nouvelle se frayait un chemin jusqu'à son cerveau, et surtout jusqu'à son cœur, une digue se rompit en elle. Tout à coup, des semaines de chagrin et de froideur cédèrent la place à l'immense amour qu'elle portait à ses enfants. Et l'idée de risquer d'en perdre un lui apparut alors comme inimaginable. Insupportable. Elle hurla.

Longtemps après, Mathilde entendit madame de Collange sortir de sa cabine et se précipiter vers celle de ses enfants. Mathilde y avait rejoint Suzanne pour tenter de la réconforter. En apercevant sa mère, Léonce ouvrit de grands yeux étonnés.

« Maman ?

– Léonce ! » s'écria sa maman en lui tendant les bras.

Le petit garçon n'hésita pas une seule seconde : il se précipita dans les bras maternels.

« Maman ! »

Il enfouit sa tête dans ses jupes, la serra de ses petits bras et pleura sans retenue.

« Mon chéri, mon amour, lui souffla sa mère en l'embrassant. Ne vous inquiétez pas, nous allons retrouver votre frère. Je vous le promets et jamais plus je ne vous négligerai. Je m'occuperai de vous, je vous le promets aussi. C'est ce que votre père aurait voulu, bien sûr. Il aurait voulu que nous soyons heureux tous les trois. »

Sa voix se cassa légèrement sur la fin de sa phrase. Alors madame de Collange se tourna vers Mathilde.

« J'ai besoin de vous, mademoiselle », lui dit-elle d'une voix ferme.

Mathilde sursauta : le ton de la mère des jumeaux était si différent. Elle restait autoritaire, mais elle n'était plus glaciale et détachée, elle reprenait les choses en mains, simplement.

« Monsieur de Quintaine m'a soumis votre idée, continua la mère des enfants. J'ai du mal à imaginer que Séverin ait pu partir tout seul, il est trop… »

Sa voix dérailla légèrement, mais elle se reprit :

« Il est trop impressionnable. Néanmoins, si c'est le seul espoir que nous ayons, nous devons aller à terre.

– Paul de… Monsieur de Quintaine s'y refuse, expliqua Mathilde.

– Pas si c'est moi qui vais à terre.

– Vous ? »

Madame de Collange fixa la jeune fille longuement : une énergie nouvelle brillait dans ses yeux. Toute trace d'abattement et de chagrin avait disparu. Mathilde découvrait une femme sûre d'elle et décidée.

Madame de Collange hocha la tête.

« J'ai demandé que vous m'accompagniez, ajouta-t-elle. Nous n'avons pas de temps à perdre.

– Mais…

– J'ai promis à monsieur de Quintaine de ne rien entreprendre de dangereux et de veiller sur vous. Il a semblé rassuré qu'une personne moins… comment dirais-je ?… impulsive prenne la direction des événements », termina-t-elle avec un léger sourire malgré la situation.

Mathilde sourit à son tour. Ainsi c'était cela : Paul de Quintaine se méfiait de sa fougue et de sa capacité à se mettre dans l'embarras.

« Bien, madame, je suis à votre service, répondit-elle alors. Mais vous ne pouvez partir comme cela. »

La grande robe en taffetas noir que portait madame de Collange n'avait rien d'une tenue pour grimper dans une chaloupe et partir à la recherche d'un enfant perdu.

« J'ai ce qu'il vous faut, je crois », proposa Mathilde.

29

Il y a urgence

C'est avec une certaine émotion que Mathilde tira le tiroir qui se trouvait sous son lit. C'était là qu'elle rangeait tous les souvenirs qui lui restaient de sa mère. Elle ne se résignait pas à les laisser à Saint-Domingue. Les avoir avec elle lui donnait un peu l'impression que sa mère était toujours auprès d'elle malgré sa cruelle absence.

Le tiroir était rempli de robes en soie et en taffetas, de jupons épais, de plumes, d'escarpins en tissus fragiles, de gants de satin, de bas colorés, de rubans. La gorge de Mathilde se serra en redécouvrant tout cela. Elle s'y plongeait très rarement et les revoir tout à coup lui fit ressentir encore plus fortement l'absence de sa maman qu'elle avait trop peu connue.

La jeune fille se ressaisit et plongea ses mains dans les tissus. Après avoir fouillé un moment, elle découvrit enfin ce qu'elle cherchait : un haut-de-chausses et une chemise, ainsi qu'une veste de tissu épais que sa mère mettait lorsqu'elle accompagnait son mari en mer. Cela ne se produisait pas souvent, mais lorsque madame de La Jorsonnière montait à bord du *Roy-Louis*, elle voulait en profiter au maximum et rester libre de ses mouvements. Son mari lui avait fait tailler une tenue appropriée que Mathilde avait précieusement gardée.

« Cela devrait vous aller, dit la jeune fille en tendant les habits à madame de Collange. Maman devait faire votre taille sans doute. »

En réalité, Mathilde l'imaginait beaucoup plus grande que la mère des jumeaux mais, à l'époque, elle n'avait que 3 ans et tous les adultes lui paraissaient être des géants.

« Merci, j'en prendrai soin, dit simplement madame de Collange.

– Je vais vous prêter des bottes aussi. »

Madame de Collange secoua la tête.

« Inutile, dit-elle. J'ai tous mes bagages avec moi et donc mes bottes pour monter à cheval.

– Je vous laisse vous habiller alors », dit Mathilde en s'éclipsant.

Lorsque madame de Collange sortit de la cabine quelques minutes plus tard, elle était méconnaissable. La tenue de la mère de Mathilde lui allait parfaitement et soulignait sa silhouette gracieuse. Pour plus de commodité, elle avait attaché ses cheveux en catogan dans le dos à l'aide d'un ruban. Son regard était volontaire et son pas ferme. Quand elle s'approcha de Mathilde, l'une et l'autre se troublèrent légèrement. Ainsi vêtues, elles se ressemblaient étrangement.

« Allons-y ! lança Mathilde pour ne pas perdre de temps. Martin a préparé la chaloupe. Tenez ! »

Elle tendit à madame de Collange une petite arme de poing qu'elle était allée prendre dans la cabine de son père.

« Ce pistolet lui aussi appartenait à ma mère. Mieux vaut l'avoir. Il nous servira peut-être. »

Madame de Collange n'hésita pas : elle saisit l'arme et la glissa à sa ceinture. En la voyant si sûre d'elle, Mathilde pensa à ce que Suzanne lui avait dit en arrivant à propos de la mère des enfants. Elle avait parlé d'une femme très différente. Mathilde comprenait désormais ce qu'elle entendait par là.

Lorsque Paul de Quintaine vit s'éloigner la chaloupe, il passa la main nerveusement dans ses cheveux. Il espérait qu'il ne faisait pas une bêtise. Avec Mathilde et madame de Collange, ils étaient convenus que le *Roy-Louis* resterait dans la baie pour la nuit, le temps qu'elles cherchent Séverin sur le rivage. Si peu avant le lever du soleil elles n'avaient toujours rien trouvé, Martin les ramènerait au bateau. Ensuite, seulement, ils aviseraient de la suite à donner aux événements.

Madame de Collange pensait que si son fils était effectivement monté dans la chaloupe, il ne s'en était pas beaucoup éloigné.

« Séverin n'a jamais été très téméraire, disait-elle. Je ne pense pas qu'il se soit enfoncé profondément dans l'île. »

Derrière sa détermination, madame de Collange cachait un désarroi profond : son fils avait disparu et si elle ne le retrouvait pas, elle ne s'en remettrait pas.

30

Séverin !

Lorsque la chaloupe effleura le sable, Martin sauta à l'eau pour la retenir et la tirer à terre. Les femmes en descendirent. Il ramassa ses rames et dissimula la chaloupe derrière un rocher.

La plage était doucement éclairée par la lune. Madame de Collange chuchota.

« Martin, pouvez-vous essayer de trouver l'autre chaloupe et vérifier que Séverin n'est pas resté caché dedans ? »

Elle fit signe à Mathilde.

« Je pars de ce côté et vous de l'autre. Cherchez partout : derrière chaque rocher, chaque buisson. Derrière chaque grain de sable ! ajouta-t-elle d'une voix presque suppliante. Nous devons le retrouver. »

Mathilde hocha la tête et commença à arpenter la plage, l'oreille aux aguets. Le moindre petit bruit la faisait sursauter et elle serrait un peu plus fort son pistolet dans son poing. À tout moment, elle craignait de voir surgir un flibustier ou un indigène. Un vent plus frais se leva, la faisant frissonner. Les grands arbres qui bordaient la plage se mirent à se balancer doucement dans le vent, projetant des ombres mouvantes sur le sable.

« Séverin ! » chuchota Mathilde pour se donner du courage.

Elle imaginait sans peine la terreur du petit garçon s'il était là effectivement. « C'est moi, Mathilde ! »

Mais seul le silence lui répondait. Après de longues heures de recherche, l'inspection de la plage centimètre par centimètre, Mathilde et madame de Collange se retrouvèrent près de la chaloupe. Au loin, le ciel commençait à blanchir tout doucement. Il fallait rentrer.

Madame de Collange était d'une pâleur extrême et sa mâchoire serrée laissait transparaître le tourment qui l'agitait. Elle n'avait rien trouvé. Mathilde non plus. Martin n'avait pas eu plus de chance qu'elles : la chaloupe était tout à fait vide.

« Il n'y avait plus rien dedans, chuchotait-il.

– Plus rien du tout ? » questionna Mathilde tandis qu'ils remontaient dans leur propre chaloupe.

Martin secoua la tête.

« Ni cordage, ni même le tonneau emporté par le capitaine.

– On les aura volés ? interrogea madame de Collange qui commençait à entrevoir le pire.

– Ou bien le capitaine les a emportés avec lui.

– Il aura découvert Séverin alors ! » s'enflamma Mathilde.

Un nouvel espoir naissait. Mathilde et madame de Collange s'y accrochèrent désespérément pour ne plus penser à tout le reste.

« Mon père ne pouvait pas retourner au bateau avant deux jours, dit Mathilde. Il aura gardé Séverin avec lui. »

La silhouette du *Roy-Louis* se découpait au loin. Martin plongea ses rames avec vigueur dans l'eau et propulsa la chaloupe en avant.

« Votre père, dit doucement madame de Collange après un moment. Il est notre dernier espoir.

– Séverin est débrouillard, rétorqua Mathilde. Même si mon père ne l'a pas trouvé, il s'en sortira et nous le retrouverons. S'il a pu prendre quelques biscuits, il peut tenir plusieurs jours. Et je leur ai raconté que l'eau des sources était potable. »

Martin claqua la langue en signe de désapprobation.

« Quelque chose ne va pas, Martin ? lui demanda Mathilde.

– Vous parlez de biscuits mais il n'a pas pu en prendre, c'est certain. La soute est toujours fermée. C'est le cambusier qui a la clé. »

Mathilde se redressa d'un coup comme si quelque chose venait de la piquer.

« La soute aux biscuits ! s'écria-t-elle. Vite, Martin ! Rame. Je crois savoir où se trouve Séverin. »

Lorsque la chaloupe se colla le long de la coque du navire, Mathilde attendit à peine que l'échelle de corde lui soit envoyée. Elle s'agrippa à elle et y grimpa comme si elle avait eu des ailes.

« Cambusier ! Cambusier ! » appela-t-elle en jaillissant sur le pont.

Paul de Quintaine la regarda sans comprendre. Quand il se pencha par-dessus bord pour regarder dans la chaloupe, il n'y vit pas d'enfant.

« Cambusier ! » répéta Mathilde qui se ruait vers le garde-manger.

Ce dernier faillit tomber de son hamac lorsque la fille du capitaine surgit dans son repaire.

« Donne-moi la clé de la soute aux biscuits, lança Mathilde. Vite. »

L'homme bougonna.

« La clé de la soute aux biscuits ? Qu'est-ce que c'est que cette histoire ? »

Alors Mathilde se redressa et le fixa sans sourciller.

« C'est un ordre, cambusier. La clé ! »

Troublé par cette soudaine autorité, le maître cambusier glissa la main à sa ceinture et attrapa la clé de la précieuse pièce. Mathilde l'attrapa.

« Merci ! »

Puis, en quelques bonds, elle fut devant la porte de la soute aux biscuits. Madame de Collange, qui était remontée à bord, la rejoignit.

« Vous croyez ? lui demanda-t-elle, pleine d'espoir.

– Lorsque j'étais petite, je raffolais des biscuits, expliqua Mathilde tout en triturant la clé dans le gros cadenas. Comme on ne pouvait pas y accéder par la porte toujours fermée à clé, j'ai cherché une autre entrée. Il y a un passage, juste derrière l'entrepont. Un simple trou plutôt. Personne n'a jamais jugé utile de le boucher car il est si étroit qu'un adulte ne pourrait y passer. Un enfant en revanche... »

Le visage de madame de Collange se transforma : un fol espoir venait de naître.

« J'ai montré un jour ce petit trou à Séverin, car il était angoissé à l'idée de mourir de faim. »

Le cadenas céda enfin. Mathilde ouvrit la porte de la soute aux biscuits avec fracas et se faufila entre les sacs. Ça sentait bon le blé et le sucre.

« Séverin ! appela-t-elle. Séverin ! C'est moi, Mathilde ! »

Personne ne répondait.

Madame de Collange s'avança à son tour.

« Séverin, mon chéri, c'est maman. »

Un léger bruit sur le côté leur fit tourner la tête en même temps. Mathilde et madame de Collange s'avancèrent lentement dans sa direction. Et là, derrière un amoncellement de sacs de biscuits, invisible à la vue de quiconque, Séverin se pelotonnait en tremblant. Il releva la tête vers sa mère qui se précipita vers lui.

« Il voulait me jeter par-dessus bord si je ne disparaissais pas, bredouilla-t-il.

– Mon enfant ! Mon amour ! Mon tout grand ! Mon ange ! murmurait-elle en le pressant contre elle. Ne me refaites plus jamais cela. »

31

Bonne nouvelle

La nuit suivante, après une nouvelle journée en mer à se rationner en eau, ce fut au tour de la chaloupe du capitaine de La Jorsonnière de revenir vers le *Roy-Louis*. Quand elle l'aperçut qui filait vite à la surface de l'eau, Mathilde s'inquiéta. Son père avait promis des provisions et il semblait revenir aussi léger qu'à son départ. Plus léger même, puisque Mathilde ne vit pas le tonneau qu'il avait emporté. En revanche, elle remarqua tout de suite le sourire de son père qui semblait briller dans la nuit.

Pierre-Louis de La Jorsonnière sauta lestement sur le pont et serra la main de Paul de Quintaine. Il sourit à sa fille et annonça :

« Les pirates sont partis. Nous allons pouvoir accoster librement et charger notre navire à notre guise. Des vivres nous attendent. »

Des vivats accueillirent la bonne nouvelle.

« Les habitants de cette île sont charmants, poursuivit le capitaine. Ils sont prêts à nous vendre tout ce que nous voulons. Les honnêtes corsaires les changent des pirates qui pillent et repartent sans rien payer ! »

Quelques matelots rirent.

« La chance tourne, mes amis ! lança le capitaine. Je vous propose une escale de trois ou quatre jours pour reconstituer toutes nos réserves et nous reposer un peu afin de poursuivre notre traversée dans les meilleures conditions. »

Les cris et les boutades des marins emplirent la nuit. Ils se donnaient des tapes amicales dans le dos, se pressaient les mains avec des airs bourrus, mais ravis.

« Bonsoir, capitaine. »

La voix chaude de madame de Collange fit tressaillir le corsaire du roi. Il se retourna et découvrit sa passagère qui lui souriait. Il se troubla.

« Madame », bredouilla-t-il, soudain gêné.

La belle jeune femme s'avança vers lui.

« Capitaine, je tenais à m'excuser pour tout ce qui s'est passé depuis notre départ. Votre fille m'a tout raconté et mes enfants aussi. J'ai bien conscience que notre présence à bord a été fort compliquée pour vous.

– Je... ne... répliqua le capitaine dans l'embarras.

– Mais vous l'avez dit, la chance tourne. Ou plutôt, le vent tourne ! À présent, j'aiderai Suzanne à surveiller mes enfants et nous serons des passagers modèles et discrets. Je vous le promets.

– Ce n'est pas... »

Le changement qui s'était opéré chez la mère des enfants était si radical que Pierre-Louis de La Jorsonnière était totalement déstabilisé. Après quelques minutes sans trouver ses mots, il se ressaisit et sourit à son tour en s'inclinant.

« Puisque cette escale marque un nouveau départ pour notre navire, je vous souhaite la bienvenue à bord du *Roy-Louis* », lança-t-il non sans une certaine malice.

Un silence un peu gêné se répandit chez les hommes d'équipage. Ils se sentaient soudain de trop et un peu gauches. Heureusement, l'un d'entre eux, plus joueur, lança un vibrant :

« Tous à terre ! »

Le cri fut repris à la volée et la bonne humeur s'empara du pont du *Roy-Louis*, malgré l'heure très avancée de la nuit.

32

Une invitation…

Debout devant son miroir, Mathilde se tournait et se retournait pour s'admirer. Madame de Collange, qui se tenait derrière elle, souriait.

« Qu'en dites-vous ?

– Vous avez fait des merveilles ! »

La jeune fille ne se lassait pas de regarder la robe gris pâle qu'elle portait. On l'aurait dite taillée juste pour elle. Madame de Collange l'avait habilement rajustée pour qu'elle épouse ses formes à la perfection.

« Papa va être étonné, dit la jeune fille.

– Ému sans doute aussi, ajouta madame de Collange. Je suis sûre que vous ressemblez à votre maman dans cette robe. Vous êtes ravissante. »

Mathilde rosit légèrement. C'est vrai qu'elle se sentait belle.

C'était madame de Collange qui avait insisté pour qu'elle passe l'une des anciennes robes de sa maman.

« Elles sont si merveilleuses, lui avait-elle dit. Quel dommage de les laisser dormir dans un tiroir sous votre lit ! Il faut qu'elles vivent ! Que vous les portiez ! Vous avez toutes les allures d'une belle jeune fille, il ne vous manque que les atours.

– Mais ces robes ne sont plus à la mode, avait rétorqué Mathilde.

– Je m'en arrange. Personne n'y verra rien et les cavaliers se battront pour vous inviter à danser. Je vous le garantis. »

Les habitants de l'île de Flores avaient improvisé une petite réception en leur honneur et Mathilde hésitait sur le choix de sa tenue. Madame de Collange l'avait patiemment conseillée, choisissant pour elle cette robe grise qui mettait en valeur sa peau dorée par le soleil et sa chevelure brune.

« Et vous ? Que porterez-vous ? » demanda Mathilde avec candeur.

Une lueur triste passa dans les yeux de madame de Collange.

« Je porterai le deuil de mon époux, répondit-elle simplement. Seulement, je vous promets de sourire et d'être charmante. »

Mathilde sourit. Elle tourna une dernière fois sur elle-même et s'élança vers la mère des jumeaux.

« Merci, madame. Grâce à vous cette soirée aura une valeur spéciale pour moi. »

Madame de Collange agita la main pour chasser la vague d'émotion qui l'assaillait soudain.

« Je pourrais vous ajuster d'autres robes, si vous le souhaitez.

– Je veux bien, oui, s'enthousiasma Mathilde. Cela me changera de celles que je porte habituellement. »

Madame de Collange sauta sur l'occasion.

« Votre père m'a dit… commença-t-elle.

– Mon père parle trop à mon sujet ! la coupa Mathilde.

– Il m'a dit, simplement, que vous alliez avoir 16 ans. »

Mathilde hocha la tête.

« Dans quelques mois. »

Madame de Collange hésita, puis, finalement :

« Si vous restiez un peu avec moi, à la Martinique ? Je pourrais vous présenter à quelques familles et jeunes hommes. Et les garçons ? Léonce et Séverin seraient si heureux de vous garder un peu pour eux. »

Mathilde grimaça.

« Allons-y, lança-t-elle pour éviter de répondre. Mon père va nous attendre. »

Elle rajusta une mèche de cheveux et sortit de la cabine un peu précipitamment. Lorsqu'elle aperçut son père, elle voulut le gronder d'avoir encore essayé de la confier à quelqu'un, mais l'émotion qu'elle lut sur son visage l'en empêcha.

« Mathilde », murmura-t-il.

Quand elle était apparue, absolument charmante dans sa robe grise, une sorte de vertige l'avait saisi : il avait cru revoir sa femme.

« Vous êtes… commença-t-il en cherchant ses mots. Vous êtes aussi belle que votre mère ! »

Dans la bouche de son père, il ne pouvait y avoir plus beau compliment pour la jeune fille. Ravie, Mathilde sourit tout à fait et l'embrassa sur la joue dans un élan d'affection inédit.

« J'y réfléchirai », lui glissa-t-elle alors à l'oreille.

Pierre-Louis de La Jorsonnière haussa un sourcil surpris, mais déjà Mathilde avançait pour quitter le navire. Il se tourna alors vers madame de Collange qui lui adressa un sourire. Le voyage n'était pas terminé, elle saurait convaincre Mathilde.

33

Rêves éveillés

Lorsque le *Roy-Louis* quitta finalement l'île de Flores, ses cales étaient remplies de vivres fraîches et d'eau. Les hommes avaient retrouvé leur bonne humeur et les mésaventures des derniers jours étaient oubliées. Debout à l'arrière du bateau, près de son père qui tenait la barre, Mathilde regardait l'île disparaître lentement à l'horizon. Elle repensait à la soirée donnée en leur honneur. Elle revoyait les lustres dont les perles de cristal renvoyaient la lumière aux quatre coins de la pièce, les dames dans leurs magnifiques robes, dont le taffetas bruissait doucement sur le sol, les hommes très dignes dans leurs habits sombres, son père toujours si élégant. Il lui semblait encore entendre le brouhaha des conversations animées autour des buffets chargés de fruits et de pâtisseries, la musique des violons, le discours du maître des lieux, les compliments des jeunes gens à son égard. Quelques-uns d'entre eux l'avaient invitée à danser, d'autres lui avaient demandé de leur conter la vie à bord du *Roy-Louis* et l'avaient écoutée avec passion. En revoyant leurs yeux pleins d'admiration et d'envie, Mathilde sourit.

« Vous rêvez ? » lui demanda son père qui gardait un œil sur elle.

Mathilde se tourna vers lui sans répondre.

« L'accueil de ces gens a été extraordinaire », poursuivit son père d'un air détaché.

Sa fille hocha la tête. Elle avait effectivement passé une excellente soirée et elle aurait volontiers prolongé ces instants qui lui avaient paru magiques. Mais cela, elle ne l'avouerait pour rien au monde à son père. Elle craignait de le blesser. Elle ne voulait surtout pas qu'il croie qu'elle n'aimait pas sa vie à bord du *Roy-Louis*.

« Quand pensez-vous que nous arriverons à la Martinique ? demanda-t-elle pour changer de sujet.

– D'ici un mois, je pense. Si Dieu le veut. »

Mathilde leva le nez en l'air pour observer les voiles.

« Le vent nous est favorable », constata-t-elle.

Son père sourit : avec le temps, sa fille avait acquis de vrais réflexes de marin. Pourtant, aussitôt après, le cœur du capitaine corsaire se serra car la place de Mathilde n'était pas à bord du *Roy-Louis*. Plus le temps passait et plus il s'en rendait compte. Sa fille avait besoin de côtoyer des hommes et des femmes de sa condition pour espérer faire un jour un beau mariage. Elle ne pouvait pas passer toute sa vie en compagnie de matelots rustres et mal dégrossis, peu cultivés et batailleurs. Si sa mère avait été là, elle ne l'aurait jamais autorisée à naviguer autant. Elle aurait veillé à son éducation, à ce qu'elle sache broder et jouer aux cartes, tenir une maison et converser en société, élever des enfants et s'occuper des plus démunis. Au lieu de cela, Pierre-Louis de La Jorsonnière n'avait offert à sa fille qu'une vie d'aventures, pleine de dangers et sans aucune contrainte. Une vie qui n'était pas la vraie vie, en tout cas pas celle dont il rêvait pour le futur de sa fille.

« Mathilde », dit-il subitement.

Sa fille détourna les yeux. Le ton grave de son père lui faisait peur. Elle devinait ce qu'il avait à lui dire car cela faisait trop longtemps qu'ils tournaient autour du sujet sans jamais l'aborder vraiment.

« Madame de Collange m'a proposé de vous garder avec elle, à la Martinique », continua le capitaine corsaire.

Mathilde ne réagit pas. Elle gardait les yeux résolument fixés sur l'horizon.

« Elle vous présentera à des jeunes gens de votre âge, renchérit son père sur le ton le plus neutre possible pour ne pas trahir son émotion. Elle vous fera donner des cours de catéchisme et de latin, de français aussi.

– Je sais tout cela ! » se rebiffa Mathilde.

Pierre-Louis de La Jorsonnière n'avait en effet pas tout à fait négligé l'éducation de sa fille. Quand elle était plus jeune, il embarquait régulièrement un précepteur pour l'instruire durant leurs séjours en mer. Lecture, écriture, latin, catéchisme, élocution... Mathilde connaissait chacune de ces disciplines.

« Il vous reste tant à apprendre, dit son père sans se laisser distraire par les remarques de sa fille. Sans compter que personne ne vous a enseigné la broderie... »

Mathilde grimaça : elle n'avait jamais aimé broder. La seule idée de rester de longues heures assise, le nez plongé dans un morceau de tissu, lui paraissait insupportable.

« La danse, la musique, le chant... »

Cette fois-ci, Mathilde releva un sourcil intéressé. À Venise, elle avait découvert le chant avec émotion.

Pierre-Louis de La Jorsonnière renchérit, ravi d'avoir capté l'attention de sa fille.

« Madame de Collange connaît un admirable professeur de chant, dit-il. Elle espère pouvoir vous faire profiter de ses conseils. »

Mais l'enthousiasme de Mathilde retomba vite.

« Rien ne me sert de chanter », se renfrogna-t-elle.

Pierre-Louis de La Jorsonnière n'ajouta rien. Il regarda l'air buté de sa fille et se dit qu'il était préférable de ne rien dire de plus pour aujourd'hui. Il reviendrait sur ce sujet plus tard.

34

Terre en vue !

Le long trajet jusqu'à la Martinique se passa sans encombre. Une fois seulement, le navire corsaire croisa un autre bâtiment, sans doute un bateau espagnol, et passa sa route rapidement. Les marins le virent s'éloigner en soupirant : si seulement ils avaient pu l'aborder, le trajet leur aurait paru moins long. Car tous commençaient à s'ennuyer sérieusement à bord du *Roy-Louis*. Les hommes rêvaient d'action et rien ne se passait.

Même Mathilde trouvait le temps long et c'était sans doute la première fois que cela lui arrivait. Le vent qui soufflait avec une régularité impeccable ne demandait presque aucun réglage des voiles, la mer n'était jamais mauvaise. Le temps s'étirait lentement et sans surprise.

Seuls Léonce et Séverin affichaient exactement le même entrain qu'au départ de La Rochelle. Ils n'étaient jamais à court d'idées ni ne s'arrêtaient jamais. Tantôt ils s'essayaient à la pêche et hurlaient de joie à la moindre petite prise. Tantôt, ils apprenaient à faire des nœuds avec Martin qui se rattrapait de les avoir menacés de les faire passer par-dessus bord. Ils couraient, ils riaient, ils sautaient, ils se battaient... Un rien les amusait et Mathilde, qui avait pensé ne plus s'en occuper après la prise de conscience de leur maman, recherchait toujours leur compagnie. Les deux petits étaient aussi friands de ses histoires et de ses leçons d'escrime. Grâce à eux, Mathilde s'ennuyait moins. Elle apprenait aussi à les connaître et elle redoutait malgré elle le moment où elle devrait leur dire au revoir.

Alors, petit à petit, la proposition de madame de Collange s'ancra dans la tête de Mathilde et n'en sortit plus. Quand elle en parla quelques fois avec la mère des jumeaux, elle imaginait ensuite durant des heures cette nouvelle vie qu'on lui offrait comme un cadeau. Une nouvelle vie avec son lot de découvertes et d'inconnu. Une nouvelle vie avec des amis sans doute aussi.

Un jour, enfin, la Martinique fut en vue.

« Terre à tribord ! » hurla la vigie du haut de son mât.

Ce cri tant attendu sembla réveiller d'un coup tout l'équipage. Les hommes se mirent à courir dans tous les sens, à laver le pont, à ranger les cales, à astiquer leurs armes, à chanter aussi. Un air de gaieté régnait à bord : les matelots savaient que la campagne corsaire allait reprendre dès que madame de Collange, ses enfants et Suzanne auraient quitté le navire. L'action était pour bientôt. Enfin !

Ce jour-là, seule Mathilde ne participa pas à la liesse générale. Quelques jours avant, elle était allée trouver son père pour lui annoncer qu'elle acceptait de rester à la Martinique.

« Cela ne durera qu'une saison, lui dit-il en cachant le chagrin qui l'étreignait soudain. Je reviendrai vous chercher très vite. »

Mathilde avait préféré ne pas trop s'attarder auprès de lui. Elle avait peur de revenir sur sa décision qui, pourtant, lui paraissait bonne et juste.

Debout à l'avant du bateau, les cheveux dans le vent, Mathilde regardait l'île de la Martinique qui grossissait à vue d'œil. Elle ne voulait pas se tenir au côté de son père et risquer de pleurer. Elle déglutit bruyamment. Ainsi ce moment tant redouté de la séparation était arrivé…

« Mathilde ? »

Elle sursauta. Séverin et Léonce s'étaient approchés sans bruit. Leur mère les avait laissés rejoindre la jeune fille en les surveillant de loin.

« Nous arrivons à la Martinique ? » lui demanda Séverin, d'une petite voix inquiète.

Mathilde tendit le doigt en direction de la tache brune qui grossissait à l'horizon.

« Oui, Séverin, lui répondit-elle. Regardez ! C'est là-bas. »

Le petit garçon glissa sa main dans la sienne.

« Y a-t-il des Indiens qui vont nous manger là-bas ? l'interrogea-t-il.

– Non, bien sûr que non.

– Et des pirates ? demanda à son tour Léonce.

– Je ne crois pas. En tout cas pas tant que le *Roy-Louis* sera dans les parages. »

Les jumeaux se serrèrent contre elle.

« Mère dit que nous serons heureux à la Martinique, vous le croyez vous aussi ? lui demanda Léonce.

– Bien sûr !

– Je n'ai pas envie d'y aller, pleurnicha alors Séverin. Je ne connais personne là-bas. »

Mathilde ne répondit pas tout de suite. Elle regarda les deux enfants l'un après l'autre et leur sourit doucement.

« Moi non plus je ne connais personne à la Martinique, avoua-t-elle. Heureusement que vous serez là. »

Un immense sourire illumina les petits visages de Séverin et Léonce.

« C'est vrai ? s'exclama Séverin.

– Nous veillerons sur vous alors ! » renchérit Léonce.

Aussitôt, les appréhensions des enfants de madame de Collange s'envolèrent. Et celles de Mathilde aussi…

Table des matières

EXTRAIT

Sophie de Mullenheim

mon roman chéri

Magie à l'ancienne

Illustration de Dorothée Jost

Fleurus

1

Punies

Mélusine se concentre et claque des doigts en fermant les yeux. Elle les rouvre, pleine d'espoir, et regarde la table devant elle. Rien ! Pas la moindre trace de la gelée au mimosa qu'elle espérait faire apparaître. La jeune fée se redresse, ferme de nouveau les yeux pour faire le vide autour d'elle, souffle doucement en pensant à sa friandise préférée et claque des doigts fermement. Toujours rien ! Mélusine soupire en regardant ses mains tristement. C'est évident : ses pouvoirs magiques sont bel et bien bloqués.

– Essaie de prendre les choses du bon côté, Mèl, tente de la réconforter Amandine qui l'observe du coin de l'œil. Te voilà avec un peu de temps libre pour être avec tes amis. En plus ce sont les vacances, profites-en !

– Un mois, soupire Mèl. C'est beaucoup trop long. Je ne pourrai jamais tenir.

Amandine, qui s'est installée dans le salon pour peindre à son chevalet, s'arrête un instant, le pinceau en l'air, et contemple sa jeune protégée en souriant.

– Nous l'avons bien mérité, tu ne crois pas ? lui dit-elle doucement.

Les deux fées viennent en effet d'être mises à pied par mademoiselle Brune, la directrice du Samu, le Service d'aide magique d'urgence : durant un mois, elles n'ont pas le droit d'user de leur magie.

Le Samu est une antenne de la petite communauté des fées qui envoie secrètement des agents sur Terre pour venir en aide aux hommes. Depuis des années, en effet, les fées remplissent leurs missions, sans que personne se doute jamais de qui elles sont vraiment. Il faut dire que, physiquement, elles ressemblent beaucoup aux hommes et, à moins d'être très observateur ou très curieux, il est extrêmement difficile de découvrir leur mode opératoire. Un simple claquement de doigts suffit à déclencher leur magie. Les hommes qui ont remarqué quelque chose d'anormal et démasqué une fée du Samu sont fort rares. Heureusement car, lorsqu'une fée est découverte, elle doit immédiatement prendre la condition humaine, et ce de façon définitive, pour que les soupçons qui pèsent sur elle n'aient plus aucun fondement. Voilà pourquoi les agents du Samu craignent les hommes trop curieux autant que la Fouine. Mais cela est une autre histoire.

Mélusine trouve la punition de mademoiselle Brune trop dure et injustifiée car sa dernière mission était une réussite. Amandine, en revanche, s'étonne de la clémence de la directrice du Samu. D'autres fées auraient été aussitôt renvoyées de la prestigieuse institution et remplacées. Si mademoiselle Brune s'est montrée si peu sévère, ce ne peut être que parce qu'elle a décelé chez la jeune fille un formidable potentiel. Sur ce point, Amandine partage son avis : Mélusine est une excellente recrue pour le Samu. Certes, elle a du mal à entrer dans le cadre mais, en quelques semaines seulement, elle a réussi à remplir quatre missions quand d'autres n'ont toujours pas terminé la première. Mèl a une grande facilité à se mettre à la place des autres, à les comprendre et à les aimer. Elle a aussi la bougeotte et la simple idée de rester sans rien faire lui est insupportable. Elle a besoin d'agir tout le temps, dût-elle désobéir ! C'est ainsi que, lors de sa précédente mission, elle a pris l'initiative d'aider une deuxième personne en plus de celle qui lui a été confiée officiellement. Elle espérait que personne ne s'en apercevrait mais cela n'a pas été le cas. Pire encore, Amandine a dû lui prêter main forte pour se sortir de cette situation devenue compliquée, ce qui est formellement interdit par le règlement. C'est pour cette raison qu'Amandine est sanctionnée elle aussi. En tant qu'instructrice de la toute jeune agent, elle est chargée de veiller sur elle et de l'empêcher de n'en faire qu'à sa tête.

– Un mois de punition, c'est un moindre mal, je t'assure, reprend Amandine.

Mélusine se lève d'un coup.

– Pas pour moi ! s'exclame-t-elle, impatiente. Il faut absolument que je trouve un moyen de m'occuper.

– En attendant, rappelle-toi que tes amies t'attendent chez Louise, l'interrompt Amandine. Vous aviez rendez-vous, je crois.

Mélusine lance un regard à la grosse horloge simplement posée sur la table du salon. Depuis qu'Amandine et elle sont arrivées dans ce petit appartement, elles n'ont pas eu le temps de défaire les cartons ni même d'accrocher quoi que ce soit aux murs. Ni l'une ni l'autre ne semble s'en préoccuper, elles vivent ainsi toutes les deux au milieu d'un extraordinaire bazar qu'elles font mine d'ignorer. Le rangement n'a jamais été un point fort des fées et ces deux-là sont loin d'être des exceptions à la règle.

– Tu as raison, répond Mèl en attrapant son manteau posé à même le sol dans l'entrée. J'y vais. À ce soir !

Elle ouvre la porte et disparaît dans un coup de vent.

Amandine regarde la porte, rêveuse.

– Heureusement que le sort de mademoiselle Brune pour bloquer sa magie est efficace, pense-t-elle. Sinon, je n'ose imaginer dans quel nouveau pétrin elle irait se fourrer.

2

Cœur de Véto

– Tu en fais une drôle de tête, dit Louise en ouvrant la porte à son amie.

Mélusine se renfrogne : le plus difficile dans toute cette histoire, c'est de ne rien pouvoir dire à personne de sa situation, pas même à ses deux meilleures amies. Car sur Terre, Mèl est une collégienne de presque 13 ans, une élève comme les autres. C'est mademoiselle Brune qui lui a trouvé cette couverture.

Au début, Mélusine n'était pas ravie de devoir retourner sur les bancs de l'école. Elle avait déjà donné et elle rêvait de passer à autre chose. Pourtant, Mèl s'est très vite adaptée à cette vie de collégienne. Elle a tout de suite trouvé sa place parmi les élèves, elle s'est fait d'excellentes amies et, surtout, elle passe inaperçue.

Le règlement qui régit l'activité du Samu depuis des années est strict. Chaque agent se doit de l'apprendre par cœur à ses débuts et de le respecter à la lettre. C'est Amandine, chargée de l'instruction de Mélusine, qui le lui a enseigné avant sa toute première mission.

Règle n° 1 : Ne jamais se faire remarquer.

Règle n° 2 : Ne jamais prononcer en public les mots : "magie, magique, magicien, fée, sorcière, sortilège, etc."

Règle n° 3 : Ne pas agir sur la vie d'un être vivant.

Règle n° 4 : Ne pas parler aux animaux.

Règle n° 5 : Ne pas claquer des doigts sans raison.

De toutes ces règles, c'est très certainement la première la plus importante. Ne pas la prendre au sérieux met en péril chaque mission, l'existence du Samu, l'existence même des agents ainsi que celle de toute la communauté des fées. En effet, chaque fée qui se fait repérer et prend la condition humaine fragilise un peu plus la communauté qui lutte pour survivre en dépit des attaques permanentes de la Fouine, une ancienne fée qui n'a qu'une seule idée en tête : prendre le pouvoir.

– C'est vrai que tu es toute pâle, renchérit Chloé qui arrive dans le dos de Louise.

Mélusine sourit. Elle reconnaît bien là l'extrême gentillesse de Chloé qui s'inquiète sans cesse pour les autres.

– Tu exagères, lui lance-t-elle en retrouvant un peu de sa gaieté. Je suis tout le temps pâle !

Mélusine ne ment pas : sa peau est si blanche que, par endroits, elle semble transparente. Cela ne manque d'ailleurs jamais de surprendre ceux qui la rencontrent pour la première fois. Son extrême pâleur tranche si franchement avec le feu de ses cheveux roux et le vert intense de ses grands yeux qu'il est impossible de ne pas s'en étonner.

– Il n'empêche que tu faisais une drôle de tête, répète Louise en refermant la porte derrière Mélusine.

Mélusine balaie l'air de la main.

– Ce n'est rien. Amandine et moi sommes en bisbille, c'est tout, dit-elle pour évacuer le sujet.

Louise ouvre de grands yeux gourmands.

– En bisbille ? répète-t-elle avec intérêt.

Mélusine rit franchement cette fois-ci. Amandine avait raison : ses deux amies vont l'aider à passer le temps. Elles ont le don de la mettre de bonne humeur.

– Tu ne te lasseras donc jamais ? lui répond-elle d'un air taquin.

– Non, sourit la grande fille brune. Grâce à toi, ma collection de mots grossit chaque jour un peu plus. Bisbille, disais-tu ?

– Cela veut dire que nous nous sommes un peu fâchées. Amandine et moi n'étions pas tout à fait d'accord.

Louise hoche la tête en mémorisant ce mot venu d'un autre temps. Dès qu'elle aura une minute, elle le notera dans le petit répertoire qu'elle tient à jour avec le plus grand sérieux. Plus tard, Louise voudrait devenir journaliste. Or elle s'est persuadée qu'un journaliste se doit d'utiliser des mots compliqués pour être pris au sérieux et épater ses lecteurs. « Ça fait pro ! » répète-t-elle souvent. C'est pourquoi la collégienne récolte avec minutie tous les mots un peu compliqués qu'elle lit ou qu'elle entend. Avec Mélusine, son carnet se remplit en un temps record, car son amie utilise très souvent des expressions improbables.

À 112 ans, son âge véritable, Mélusine a dû faire de vrais efforts d'adaptation pour se couler dans la peau d'une collégienne. Certes, physiquement, elle est loin de faire son grand âge et elle semble aussi jeune que ses amies. En revanche, ses manières et surtout son vocabulaire semblent tout droit sortis d'une autre époque et, malgré tous ses efforts pour masquer ces petits défauts, il arrive à Mélusine de faire quelques gaffes, pour la plus grande joie de Louise.

Lors de son apprentissage, et avant sa première mission au Samu, Amandine a tenté de modifier la façon de parler de son apprentie. Elle l'a longtemps interrogée, reprenant ses réponses et corrigeant ses expressions, mais elle n'a pas obtenu le résultat escompté. Les "saperlipopette !" et autres "calembredaines" de Mélusine ressurgissent régulièrement au fil de la conversation. La jeune fée ayant déjà tant de choses à apprendre, Amandine n'a pas insisté. Elle s'est contentée de trouver une explication plausible à cette étrange manière de s'exprimer. Elle inventa que Mèl avait vécu à Annecy, tout près de la frontière suisse, avant de la rejoindre. Cette proximité avec les Suisses qui n'utilisent pas toujours les mêmes expressions avait déteint sur elle. Personne dans l'entourage de la jeune fée n'ayant eu l'occasion d'étudier de près les subtilités de la langue suisse, l'explication sembla suffire.

– J'ai une bonne nouvelle, lance Chloé pour passer à autre chose.

Ses deux amies se tournent vers elle dans un même mouvement.

– Quelle bonne nouvelle ? interroge aussitôt Louise qui retrouve instantanément ses réflexes de future journaliste.

– Théo est venu me voir… commence Chloé.

– Théo Carmagnac ?

– Oui. Il est venu me voir car il a besoin de nous. Il veut savoir si Cœur de Véto peut l'aider.

– Cœur de Véto ? demande Mélusine.

Chloé la regarde, un peu déçue.

– Cœur de Véto. Tu as déjà oublié, lui dit-elle.

Mélusine s'apprête à hausser les épaules d'un air désolé quand elle se souvient soudain : il y a quelque temps, avec Louise et Chloé, elles ont trouvé et soigné un moineau. L'aventure leur ayant bien plu, elles ont décidé de monter un club pour venir en aide aux animaux en difficulté. L'intention était louable, mais la clientèle n'a pas été au rendez-vous : personne n'a jamais fait appel aux trois amies.

– Qu'est-ce que Cœur de Véto peut faire pour lui ? demande Mélusine en espérant trouver là un moyen de passer le temps.

– Un ami vétérinaire de son père a soigné un cheval de course il y a un mois.

Mèl écarquille les yeux.

– Tu veux que nous soignions un cheval ?

Chloé sourit.

– Non, bien sûr que non, dit-elle. Nous avons déjà eu bien assez de mal avec un moineau !

Louise et Mèl la regardent fixement.

– Aujourd'hui, ce cheval est menacé d'être envoyé à l'abattoir.

– À l'abattoir ! s'exclame Louise. Mais c'est horrible !

Chloé baisse la tête.

– Je suis bien d'accord avec toi, c'est affreux. C'est bien pour cela que j'ai promis à Théo Carmagnac de l'aider.

– Comment comptes-tu t'y prendre ? demande Mèl de plus en plus intéressée.

– Le cheval s'appelle Jubilé. J'ai dit à Théo que nous allions le racheter à son propriétaire !

3

C'est de la folie !

– J'ai tout calculé, enchaîne Chloé sans même prêter attention à l'air catastrophé de ses deux amies. Il nous faut environ 650 euros pour racheter le cheval à son propriétaire. Je me suis renseignée sur Internet, c'est un prix moyen qui tient compte de l'âge du cheval et de sa taille.

– Combien as-tu dit ? demande Louise, estomaquée.

Mais Chloé ne l'écoute pas. Elle récite tout ce qu'elle prépare depuis que Théo est venu la voir.

– Nous sommes toutes les trois en appartement, dit-elle. Impossible donc d'accueillir Jubilé. Mais j'ai vu que l'on pouvait louer un pré et un box ; il y a même une ferme non loin d'ici qui serait prête à l'accueillir.

Les yeux de Chloé brillent d'excitation. Elle a tout prévu. Louise n'en croit pas ses oreilles.

– Ensuite, reste l'entretien quotidien et la nourriture. Les prix que j'ai trouvés sont très variables d'une source à l'autre, alors j'ai fait une moyenne. En plus, tout dépend de la taille du cheval.

– Il est grand ? ne peut s'empêcher de demander Louise.

– Je ne pense pas, répond Chloé. Il paraît que c'est un trotteur. Ce ne sont pas de très grands chevaux en général. C'est un cheval de course, il est donc assez léger aussi. Son propriétaire n'en veut plus car il trouve que ses résultats en course ne sont pas assez bons.

– Saperlipopette ! lance Mélusine. C'est infect !

Chloé sourit : elle sent que ses amies sont captivées et elle est ravie.

– Enfin bon, je vous résume ce que j'ai calculé, continue-t-elle. En moyenne, il faut emmener un cheval chez le maréchal-ferrant toutes les six semaines, mais également chez le vétérinaire pour les vaccins et parfois chez le dentiste. J'ai aussi compté les produits d'entretien, les médicaments, les compléments alimentaires et l'assurance.

Mèl regarde Chloé avec un certain amusement : son amie d'ordinaire calme et effacée a les joues rouges d'excitation.

– En tout, il faudrait environ 250 euros par mois, avance-t-elle pour terminer. À condition que nous ayons le matériel : selle, longe, couverture et tout et tout. Mais cela, je pense que nous pouvons l'acheter d'occasion, non ?

Mélusine et Louise ne répondent pas.

– D'occasion ce n'est pas si mal, non ? insiste Chloé en se tournant vers ses amies.

C'est Louise qui reprend la parole la première.

– Chloé ! s'écrie-t-elle. Cela ferait 3 000 euros par an ! Tu n'y penses pas.

Mèl hoche la tête. Il ne fallait pas compter sur elle pour faire le calcul car elle a toujours été nulle en mathématiques, mais elle fait confiance à son amie : c'est énorme !

– Nous allons y arriver, continue Chloé avec une drôle d'assurance. Nous ne pouvons pas rester sans rien faire.

Sur ce point, Louise est tout à fait d'accord avec elle. Elles ne peuvent laisser un cheval aller à l'abattoir. Mais là, ça paraît impossible !

– Nous devons effectivement trouver une solution, dit-elle. Mélusine, tu n'aurais pas une idée ?

Mélusine soupire. Des idées, elle n'en manque jamais lorsqu'elle est capable de magie. Certains pensent même qu'elle en a trop. Mais, là, tout à coup, elle se sent démunie et incapable de faire quoi que ce soit. Et dire qu'il suffirait d'un petit claquement de doigts pour faire apparaître une liasse de billets et résoudre leur problème. À moins que le règlement du Samu n'autorise pas ce genre de chose... C'est même certain. D'ailleurs, Mèl se rappelle une histoire où une fée a fait apparaître de l'argent pour tenter de résoudre une affaire. Le remède a été pire que le mal : les billets se sont révélés être des faux !

– Maudit règlement, marmonne Mélusine entre ses dents.

– Tu disais ? lui demande Chloé.

– Trouvons vite une idée.

4

Grand nettoyage de printemps

Lorsque Mélusine rentre chez elle, quelques heures plus tard, elle est perdue dans ses pensées. Avec Louise et Chloé, elles ont tout imaginé pour sauver le cheval et Mèl se demande si ce qu'elles ont décidé va fonctionner.

Après réflexion, Chloé a admis que son projet de racheter le cheval à son propriétaire était tout à fait irréaliste. En cherchant bien, à elles trois, elles ne parviennent même pas à réunir une centaine d'euros. Il est vain de croire qu'elles pourront trouver 650 euros pour racheter le cheval et 3 000 de plus pour son entretien. En outre, elles doivent faire vite. Théo Carmagnac a prévenu Chloé que le départ de Jubilé pour l'abattoir est prévu pour la semaine prochaine.

C'est Louise finalement qui a eu la meilleure idée : un article dans le journal ! La collégienne est persuadée que si elles parlent du sort réservé à Jubilé dans la presse, les lecteurs se mobiliseront pour le sauver.

– Je me charge de l'article, a-t-elle naturellement proposé.

Ni Chloé, ni Mélusine n'ont osé la priver de ce premier rendez-vous avec la gloire. Son premier article ! Depuis le temps qu'elle en rêve !

Il a été convenu que Louise écrive l'article dans la soirée pour que les trois amies puissent passer à l'étape suivante dès le lendemain matin. Chloé est chargée de trouver les noms et les adresses des journaux à contacter. Quant à Mélusine, elle espère trouver une autre idée lumineuse qui leur permettra de mettre davantage de chances de leur côté.

Mélusine pénètre dans le salon, l'air préoccupé, et trébuche sur un carton rempli de livres posé contre la porte.

– Cornegidouille ! crie-t-elle en se massant le bout du pied.

Amandine surgit alors de derrière une pile d'autres cartons, un plumeau à la main. Elle a noué un foulard autour de sa tête pour maintenir en place ses longs cheveux châtains qui sont comme des milliers de ressorts indisciplinés.

– Ah ! Te voilà ! lance-t-elle à Mélusine. J'ai trouvé comment nous occuper pendant un mois !

Mèl la regarde avec un air soupçonneux : elle se méfie toujours un peu de l'enthousiasme débordant d'Amandine.

– Nous allons ranger ! annonce triomphalement la grande fée.

Mèl soupire. C'est bien ce qu'elle pensait. Voilà bien une idée désolante.

On a coutume de dire des fées qu'elles sont jolies, gaies, charmantes, respectueuses de la nature, pétillantes, accueillantes, drôles... En bref, elles ont d'innombrables qualités et les agents du Samu encore plus que les autres car ces dernières sont également très attentives aux autres. Cependant, les fées ont aussi leurs petits défauts. Elles peuvent se montrer susceptibles, bouder facilement et elles ont tendance à arriver souvent en retard (sauf Amandine qui est une vraie maniaque de la ponctualité). Mais, surtout, elles sont les êtres les plus désordonnés qui soient ! Elles détestent ranger. Pas étonnant que certaines se trompent dans leurs formules magiques car, si les choses sont aussi fouillis dans leur tête que chez elles, il ne doit pas être très facile d'y voir clair.

Dans la petite communauté des fées, Amandine et Mélusine ne font pas exception à la règle. Elles ne sont pas plus désordonnées que leurs consœurs, mais elles sont loin d'être des adeptes du rangement et du ménage. Lorsque les deux fées ont emménagé en ville en se faisant passer pour une tante et sa nièce, elles se sont contentées de poser leurs cartons dans le salon et de défaire les deux ou trois dont elles avaient immédiatement besoin. Depuis, l'appartement est resté dans le même état avec quelques cartons béants en plus, recouverts d'une couche de poussière. Un vrai capharnaüm !

– J'ai tout prévu, déclare Amandine en tendant un tablier à sa jeune protégée. Nous devons être mé-tho-di-ques !

Ce mot dans la bouche d'Amandine fait sourire Mélusine. La grande fée a tendance à agir d'instinct plutôt qu'après une mûre réflexion. C'est d'ailleurs ce caractère spontané et entier qui a tout de suite plu à Mélusine lorsque mademoiselle Brune, la directrice du Samu, lui a présenté Amandine pour la première fois. Les deux fées ont de nombreux points communs et elles s'entendent à merveille.

Amandine montre à Mélusine son chevalet de peinture. Au lieu d'une toile, elle y a punaisé une grande feuille blanche sur laquelle on peut lire le programme :

Déballer

Épousseter

JETER

Ranger

– Pourquoi as-tu écrit « JETER » en si gros ?

– Parce qu'il ne faut pas hésiter à jeter ce que nous trouvons.

– À jeter ? Mais pourquoi ?

Amandine balaie la pièce du bras avec un soupir. Elle est si encombrée de cartons qu'il est évident que tout n'entrera pas dans les placards.

– Regarde ! Il y a là plusieurs centaines d'années de souvenirs.

– Nous ne sommes pas si vieilles, s'offusque Mélusine.

Amandine sourit.

– Toi non mais, moi, je commence à sentir le poids des ans. Je te rappelle que le 2 du mois du muguet j'aurai 265 ans !

Les fées n'ont pas le même rapport au temps que les hommes. Il semble glisser sur elles sans leur faire le moindre effet. Quand neuf ans s'écoulent sur la Terre, c'est comme si elles ne vieillissaient que d'un an. À des âges canoniques, elles ont donc encore des allures de jeunes filles et il est impossible de deviner qu'elles ont vécu tant de choses.

Autrefois, les fées avaient un calendrier qui leur était propre et qui se moquait bien du décompte du temps sur Terre. Mais quand elles commencèrent à intervenir auprès des hommes, elles durent changer leurs habitudes et adopter le calendrier avec ses 365 jours, ses 12 mois, ses 52 semaines et ses 7 jours par semaine. C'était plus pratique. Et du jour au lendemain, celles qui avaient 10 ans en eurent 90 et les vieilles fées de 122 ans soufflèrent soudain leurs 1 098 bougies ! Le changement provoqua de nombreuses réactions et d'incroyables embrouillaminis, la plupart des fées n'étant décidément pas très douées en calcul. La mutation fut malgré tout bien acceptée et chacune accueillit finalement ces années supplémentaires avec le sourire. Tant que cela ne les faisait pas vieillir plus vite, cela importait peu.

Contre toute attente, le plus difficile fut d'utiliser les noms de mois et de jours que les humains avaient choisis. Pour les fées, ils manquaient cruellement de poésie et cela heurtait leur sens de l'esthétisme. Janvier, février, mars, avril... Les fées trouvaient ces mots ternes et sans saveur. De même que lundi, mardi et ceux qui suivaient. Ce fut la fée Ségur, que tout le monde appelait la Comtesse car elle était fort distinguée, qui trouva comment rendre le calendrier des fées plus attrayant. Il faut dire qu'elle maniait les mots mieux qu'aucune autre fée. Elle conserva donc la première lettre de chaque mois du calendrier et y associa un nom de fleur, ces fleurs si chères à la petite communauté. C'est ainsi que janvier devint le mois de la jonquille, février celui du fuchsia... Jonquille, fuchsia, mimosa, anémone, muguet, jasmin, jacinthe, aubépine, souci, œillet, narcisse et dahlia firent aussitôt l'unanimité. Quant aux jours de la semaine, la Comtesse se contenta de leur redonner le nom de la planète à laquelle ils étaient associés à l'origine. Les fées aimaient le ciel, il leur fut ainsi un peu plus proche. On ne parla pas de lundi mais de Lune, pas de mardi mais de Mars, Mercure, Jupiter, Vénus et Saturne. Et le dimanche devint Diomède, du nom d'un astéroïde.

Mélusine dévisage son instructrice avec bienveillance.

À presque 265 ans, Amandine a l'allure d'une jeune trentenaire, au sommet de sa beauté. Elle est, en effet, absolument ravissante. Grande et mince, elle a des jambes immenses qui font tourner la tête des hommes même si elle ne semble pas y prêter la moindre attention. Son incroyable chevelure et son large sourire font qu'on la remarque partout où elle va. Tout le monde se retourne sur son passage. Mélusine s'est d'ailleurs toujours demandé comment Amandine parvenait à respecter la règle numéro 1 du Samu : la discrétion. Mais peut-être est-ce justement parce qu'elle est sublime qu'elle y parvient si bien. Les hommes sont éblouis par sa nature si pétillante et ne prêtent pas attention à ses actions magiques. Le fait est qu'Amandine est l'un des meilleurs agents de la prestigieuse institution et que mademoiselle Brune ne doute pas un seul instant de sa capacité à remplir ses missions sans accroc. On ne peut pas dire la même chose de Mélusine qui, en seulement trois missions, a réussi à enfreindre plus de règles que n'importe quelle fée et à donner des sueurs froides à la directrice du Samu plus d'une fois.

– Allons ! Au travail ! lance soudain Amandine. Je n'ai défait que deux cartons depuis tout à l'heure.

Mélusine regarde la pile de cartons qui lui fait face et soupire, découragée.

– Nous n'y arriverons jamais…

– Tttt ! Tttt ! s'agace Amandine. Tiens, ajoute-t-elle en lui tendant un carton. Celui-ci n'est pas très gros.

Amandine le tourne et le retourne dans tous les sens.

– En revanche, il n'y a aucune indication dessus.

Son visage s'éclaire.

– Ce sera la surprise ! Tu aimes les surprises, non ? Tu verras, je suis sûre que le rangement va te plaire.

Mélusine attrape le carton à contrecœur, le pose par terre et passe le tablier censé la protéger de la poussière.

– Voyons voir, déclare-t-elle sans enthousiasme.

Elle ouvre le carton et fouille à l'intérieur.

– Ce n'est pas à moi. Je ne reconnais rien.

Amandine s'approche et regarde dans le carton à son tour.

– C'est à moi, dit-elle mélancolique en sortant un drôle de chapeau pointu. Ma toute première tenue de gala.

Amandine fouille encore dans le carton, sous l'œil amusé de Mélusine. Elle exhibe alors un long morceau de bois.

– Ma première baguette ! s'exclame-t-elle, très excitée. Je la croyais perdue.

Puis, tout à coup, l'enthousiasme de la grande fée retombe. Elle secoue la tête pour chasser ses souvenirs, attrape le carton et le pose dans l'entrée.

– Poubelle ! dit-elle avec effort. Tout cela ne me servira plus jamais.

Mélusine sourit dans son coin : elle vient d'avoir une idée.

Mes Grands Classiques

FLEURUS

Mes romans

FLEURUS

N° d'édition : 14226
Achevé d'imprimer en septembre 2014 par Corlet, en France
Dépôt légal : octobre 2014